JN296175

芸術療法実践講座 4

音楽療法

飯森眞喜雄・阪上　正巳 編

岩崎学術出版社

序　文

　徳田良仁日本芸術療法学会名誉会長によって，わが国に芸術療法の種が蒔かれてから40年が経ちます。徳田先生のたゆまぬ情熱と献身によって育まれた芽は，幾人もの臨床家たちによって熱心に手入れされ，慧眼と創意工夫によって品種改良を受けながら，今日ではさまざまな土壌で花開いています。現在，日本の芸術療法は世界でも最高の水準にあります。
　「芸術療法」といえば以前は「絵画療法」と同義でしたが，次第に他の表現形態も用いられるようになり，いまでは絵画のみならず，コラージュ，陶芸や粘土などによる造形，箱庭，音楽，俳句や短歌も含む詩歌，心理劇などの演劇，ダンスやムーブメントといった，人間のもつ多彩な表現活動を通して行う療法の総称となっています。
　草創期には，主に精神病院を舞台として精神病を対象に行われていましたが，近年では軽症の精神疾患はもとより，青少年の問題行動や教育現場での問題，一般医療現場やターミナルケア施設，高齢者施設や痴呆老人施設など，精神医学的・心理臨床的治療やアプローチを必要とする領域で幅広く行われるようになりました。
　芸術療法と聞くと，「芸術」という冠からして，どこか高邁でとっつきにくい特殊な療法のように感じられるかもしれません。しかし，芸術療法の基本原理はわれわれが幼いときから親しんできた，さまざまな表現活動のなかにあります。たとえば，はしゃぎながらやっている「なぐり描き」，独り言をいいながらやっている空想の国の「お絵かき」，夕闇が忍び寄るのも気づかずに夢中になってやっている「砂場遊び」，木漏れ日の綾なす光と影を舞台に飛び回っている「ごっこ遊び」，思春期にそっとノートを開いて記す「詩作」といったものの中に，この療法の本質を見いだすことができます。これらの活動は，その当時は無論のこと，大人になってからも気づくことは

ありませんが，われわれにとってかけがえのない成長の手立てであったのです。また，芸術表現を見たり聴いたりすることの心や情緒にもたらす作用についてはいうまでもないことですが，最近では大脳機能に及ぼす働きも科学的に証明されつつあります。

　芸術療法とは，表現することの包含している意味と，表現されたものを通した交流のもつ意義とを，治療に生かそうとするものです。しかし，芸術療法の基本が誰しもがやってきたことにあるからといって，何のとっかかりもなく，また無原則に用いることができるものではありません。しかも，芸術療法の広がりとニーズの高まりとともに，技法とその適応，治療者の職種などが多種多様化し，そのため乱立・乱用気味のところがないとはいえません。

　芸術療法が「療法」であるためには，対象となる疾患や問題に対する理解，適応の是非の検討，有効性についてのきちんとした評価など，厳密さが要求されてきます。さらに，その実践にあたっては"知恵""作法""工夫""コツ"といったものも必要となってくるでしょう。

　そこで本講座では，絵画，コラージュ・造形，音楽，ダンス，詩歌・文芸といった5つの代表的な技法をとりあげ，芸術療法を日々行っている方々に執筆をお願いし，臨床的・実践的な観点から，これらを全6巻にまとめてみました。

　本講座をきっかけとして，芸術療法がさまざまな領域でさらに深化・拡大するだけではなく，臨床に携わる方々の一助となり，治療や臨床現場での問題解決にささやかながら貢献できることを願ってやみません。

編集代表　飯森眞喜雄

音楽療法　目次

序　文 …………………………………………………飯森眞喜雄
　　　3

はじめに …………………………………………………阪上　正巳
　　　7

第1章　精神病院における音楽療法 ……………山下　晃弘・阪上　正巳
　　はじめに　　11
　　1．集団歌唱療法　　12
　　2．合奏療法　　21
　　おわりに　　32

第2章　精神科・心理クリニックにおける音楽療法
　　　　──人格障害など非精神病性障害を対象として ………松井　晴美・渡辺　直樹
　　はじめに　　34
　　1．外来診療における音楽療法の位置づけ　　34
　　2．音楽療法の概要　　36
　　3．実際の流れ　　39
　　4．留意点　　47
　　おわりに　　50

第3章　精神科デイケアの音楽療法
　　　　──集団歌唱活動の現場から ………………………………青　　拓美
　　はじめに　　52
　　1．精神科デイケアにおける音楽療法の概要　　53
　　2．セッションの実際　　57
　　3．考　察　　60
　　おわりに：今後の課題　　64

第4章　児童領域における音楽療法 ……………………………岡崎　香奈
　　はじめに　　67
　　1．児童領域における実践の特徴　　67
　　2．心理療法的アプローチにおける事例　　68
　　3．児童対象の音楽療法におけるこれからの課題　　80

第5章　自閉症児の音楽療法　……………………………長浦まゆみ
　はじめに　*82*
　1．自閉症児のための目標設定　*82*
　2．よく見られる行動と，働きかけの実際　*83*
　3．事　例──高度な音楽能力をもったＡ君　*88*
　まとめ　*93*

第6章　重症心身障害児への音楽療法　………………………西巻　靖和
　1．重症心身障害児について　*97*
　2．重症心身障害児への音楽療法　*98*
　3．重症心身障害児に対する音楽療法の実際（実践的取り組み）　*100*
　まとめ　*112*

第7章　高齢者音楽療法に求められる音楽　………………折山もと子
　はじめに　*115*
　1．高齢者に求められる音楽の方向　*115*
　2．音楽の構造と表現性　*122*
　3．高齢者合奏の実際　*124*
　まとめ　*126*

第8章　痴呆性高齢者のケアにおける音楽療法　……………北本　福美
　はじめに　*128*
　1．高齢者を取り巻く環境　*128*
　2．音楽療法が関われる接点と視点　*129*
　3．集団セッションの工夫　*131*
　4．個人セッションの工夫　*137*
　5．セラピストに求められる姿勢　*142*

第9章　ターミナルケアにおける音楽療法　………………近藤　里美
　はじめに　*146*
　1．ターミナルケアにおける音楽療法の役割と特質　*147*
　2．ターミナルケアにおける音楽療法の実際　*149*
　3．ターミナルケアにおける音楽療法士の役割の広がり　*161*

事項索引　*165*

人名索引　*173*

はじめに

　本書は，1998 年刊行の『芸術療法1　理論編』，『芸術療法2　実践編』の続編となる叢書中の 1 冊である。いわゆる「こころのケア」への関心の高まりを受け，芸術療法の一翼を担う音楽療法も，最近ますます多くの臨床現場を獲得してきた。だが，そうすればするほどセラピストには，現場の多様かつ複雑なニーズに，柔軟かつ適切に対処する能力が求められてくる。こうした現実を受け，本書は，前書よりもいっそう臨床的・実践的な知恵を伝達しようと計画されたものである。理論的な論述は最小限にとどめ，より具体的な技法や工夫を，実際のセッション・プロセスやケース記述などを通して読者に伝えるべく意図されている。

　全体的な構成として，実践現場や対象者の違いにより章分けがなされているのも，そうした狙いによるものである。大まかには入院・外来の精神科領域，児童領域，高齢者領域，ターミナルケア領域に分けられるが，扱われている対象者はさまざまである。具体的に取り上げられたケースだけでも，たとえば，統合失調症者や，境界性人格障害患者，神経難病の児童，注意欠陥多動障害などの発達障害児童，自閉症児，重症心身障害児，アルツハイマー病などの痴呆性高齢者，脳炎後遺症患者，AIDS（後天性免疫不全症候群）患者，肺がんの末期患者，そして人工透析を必要としながら結腸手術を終えた知的障害者などが挙げられる。つまり，本書は，はからずも「音楽療法事例集」の趣さえもつにいたっているのだが，これは編者にとって望外の成果であり，ひとえに執筆陣の努力の賜物であろう。

　さて，一口に音楽療法といっても，その対象と同様，形式や内容は本来的に多様である。一読しておわかりのように，本書でも対象に応じて実にさまざまなアプローチがなされている。紙数の都合上，音楽療法の多様性に関する詳細をここで述べることはできないが（興味のある読者は，たとえば，ブ

ルーシア（Bruscia, K. E.）著／生野里花訳『音楽療法を定義する』東海大学出版会発行（2001年）を参照されたい），この「多様性」に関連して私が気づいたこと，また特に記しておくべきことなどを短く以下に述べてみたい。

　まず音楽に関して。いうまでもなくその形式はさまざまであり，本書を構成する各章のなかでも，声・歌唱，即興演奏，合奏，創作，音楽聴取などが対象者の病態や障害の程度に応じて使い分けられている。とはいえ，結果として，本書に歌唱を中心に据えた方法が比較的多くなったのも事実である（第1章前半，2，3，8章）。このことは，古来＜音楽＞という言葉よりも＜うたまい＞という言い方を好んだわが国の文化風土を抜きには考えられず，その意味で本書は（当然のことながら）この国の音楽療法文化のなかにあるものといっていい。ただ，よくみると同じ歌唱を用いた方法でもその使い方は各章で大きく異なっており，歌の提供の仕方やクライエントにとっての臨床的意味づけ，声に関する分析などの記述を読むと，この方法がわが国において独自に成熟・発展してきている感を強くする。

　一方，本書では，長く欧米で音楽療法を学び，また実践してきた経験をもつ著者らによって，即興演奏や即興的な音楽創作を行う外国における実践例も紹介されている（第4章，9章）。いずれもセッションにおける音楽の使いかたが柔軟であるばかりか，クライエントの全人的な理解を踏まえたセラピストの存在の大きさ，そして音楽療法士ならではの専門性を実感させるものである。こうした貴重な実践例や，障害児の能力に応じて動きや多感覚性に訴えつつ接近を試みている報告（第5，6章）を読むと，音楽形式による活動の仕分けなどは，あらずもがなの議論とすら思えてくる。

　だが，そのうえでなお特筆すべきと思われるのは，本書で，合奏形式の音楽療法が紹介されていることである。第1章後半の合奏療法がそれであるが，とくに第7章では，この活動の基礎になる丹野修一の＜合奏システム＞の一端が，痴呆性高齢者に対する実践に即して記述されている。世界でも類のないこのオリジナルな方法を，素描とはいえ具体的に，音楽的側面に集中して紹介できたのは本書の収穫の1つである。最近音楽療法の議論のなかに〈音楽中心的アプローチ〉（エイギン Aigen, K.）という考え方が台頭してきた。

音楽は「手段」ではなく「目的」であり，臨床的な成果はあくまでその「結果」にすぎないとする立場であるが，こういうラディカルな（ある意味では当然の）考え方をさらに先鋭的に体現する実践が，わが国ですでに何十年も前から，まったく独自に練り上げられていたという事実は，それ自体驚くべきことである。

ところで，音楽療法活動のなかには，セラピストとクライエントの関係性の薄いもの（極端な例は待合室のBGMなど）から，もっぱらレクリエーショナルな楽しみを追究するもの，あるいは心理療法的にクライエントの内面に深く介入するものまで，さまざまな介入レベルをもつものがある。こうした視点から本書の諸章を見渡してみると，ことさら意図したわけではないが，本書では治療関係の希薄な活動やレクリエーションにとどまる活動の紹介はほとんどないことに気づく。レクリエーショナルな性質をもつ場合でも，それにとどまらずクライエントの深部にまで音楽を介して切り込んでいこうとする姿勢が目立つ。わが国でまだ少ない心理療法的方向性をもつ実践例（第1，2，4，8，9章）を読むことができるのも本書の特徴の1つであろう。念のため記せば，そのことは言語的な介入の多寡によるものではない。音楽にのみ集中する活動がクライエントの存在を揺り動かし新しい可能性を切り拓くときに，それはやはり介入レベルの深い実践といえるのではあるまいか（第1章後半，3，5，6，7章）。

活動の背景理論についても一言しておきたい。各章のうち，精神科領域で主として統合失調症を対象とする実践では，やはり精神病理学的，社会精神医学的考えに立脚しているようにみえるが（第1，3章），本書には対象領域に関わらず，ヒューマニスティック（人間主義的）な考えに基礎をおく活動の紹介も多い（第4，8，9章）。一方，精神分析的・精神力動的な心理療法に依拠しつつ治療の意味を考えている活動もある（第2章）。児童領域ではやはり，発達臨床やコミュニケーション的観点からの組み立てが必要とされるようである（第5，6章）。つまり，ここで紹介されている活動の背景理論もまたさまざまなのである。

もちろん，1つの理論枠にのみとらわれている著者はいないし，実践上そ

もそもそんなことは不可能である。治療理論にとらわれず，音楽のみに集中している活動（第7章）があることにも注意したい（その場合の理論は，人間と音楽との本質的な関係性を考究する新たな臨床的音楽論であろうか）。だが，それでも本書で（理論的記述を抑えてあるとはいえ），音楽療法のさまざまな理論背景が読みとれるのは興味深いことである。いかなる考え方や立場をとるにせよ，また既成の理論に慎重で予断を排する姿勢を保ち続けるにせよ，やはり実践と何らかの理論（あるいはこれにリサーチを含めてもいい）の往復的な相互参照が，活動の質を高めるにあたって重要であることを示す事実であるとも考えられるからである。

　ともあれ，以上のような多彩で個性的な各章から，読者は各著者の日頃の苦心やさまざまの経験，あるいは柔軟で熟達した技術や数多くの独創的な考え方を汲みとられるにちがいない。もちろんそこには，臨床ですぐに役立つ知恵や技術も多く含まれているだろう。しかし，読者に望むのは，実践講座とはいえ，本書から単にマニュアル的なノウハウや方便を汲もうとするのではなく，むしろ実践の奥の深さ，そして困難さをこそ読みとってほしいということである。日本音楽療法学会の会員数は，現在すでに6,000名を超えている。いまや私たちは，この治療法の普及や啓蒙，つまり拡大の方向性を修正し，むしろ音楽療法士の能力の深化をこそ追究すべき時期にきているのではないだろうか。

　＜ほかならぬ音楽療法士のみが成し遂げられる仕事＞とは何か。そう考えると「職業的専門性（コンピテンシィ）」とは，すなわち「職業的独自性（オリジナリティ）」であることがわかる。本書がこの独自性について考え，またそれを実践的に高めるための1つの機縁になればと切に願うものである。

阪上　正巳

第1章　精神病院における音楽療法

山下　晃弘・阪上　正巳

はじめに

　精神科領域の音楽療法にも，近年さまざまな技法が導入されるようになってきている。本稿ではこれらのうち，わが国の精神科領域における能動的音楽療法の中で，最も広く行なわれている集団歌唱療法と，反対にわが国のみならず，世界的にみても稀少な合奏療法という2つの方法を取り上げる。

　歌唱を中心とした集団音楽療法（集団歌唱療法）は，聴取的な方法を別にすると音楽療法として最も医療者から想起されやすいものともいえるが，一方で，単なるレクリエーションとの区別が明確でない場合が多く，精神科治療としての位置づけがいまだ曖昧である。しかし，これからいかにさまざまな音楽療法技法が精神科治療の現場に導入されるようになったとしても，最も身近な音楽表現である歌唱と集団療法とを組み合わせたこの治療の意義は，実際のわれわれの生活様式からみても不変であろう。また，少なくとも今後しばらくは，量的にはわが国ではこの治療法が精神科領域における音楽療法の中心的技法の1つであろうから，ここで紹介するだけの十分な意義があるものと考えられる。

　一方，合奏療法は，音楽家・丹野修一によって国立精神・神経センター武蔵病院における30年を超える実践のなかから生みだされた方法である。丹野は同時に，この実践を踏まえながら，誰もがすぐに合奏に参加し美的な音楽を体験できる"合奏システム"を創造したが，合奏療法は，この合奏システムの臨床場面における一応用例とみなされる。世界に類例をみず，習得に

長年を要するとはいえ，独創的な発想とすぐれた音楽性により臨床実績をあげており，また統合失調症の病理や音楽療法の本質に関して多くを示唆する方法であるため，やはり本書には欠かすことのできない実践であると思われる。

以下，まず山下が1節で集団歌唱療法について，ついで阪上が2節で合奏療法の概要を説明していく。

1. 集団歌唱療法

一般的な集団歌唱の特徴をごく簡単にまとめてみる。まず，長所として，この治療が治療スタッフと患者双方にとってなじみやすく，抵抗感なく手軽に参加できるということがある。一方，短所として，①参加人数があまりに多数になると，レクリエーション以外の積極的な治療的意義を見いだすのは難しい，②治療者の能力や技能により得られる治療的効果に非常に差が出やすい，③疾患による特異性や年齢・性別による相違が無視されていないまでも充分な個別的な配慮が行なわれにくい，などが挙げられる。こうした特色をふまえた上で，単なるレクリエーションを超えて，集団歌唱療法を精神科的な治療の方法として結実させるための方法論について，ここで述べていきたい。

1. 治療対象

集団歌唱を中心とした治療法で，対象として特に除外される疾患はない。しかし，集団療法ではどのような疾患であれ急性期で病状の安定しない患者については，その適応を慎重に考慮する必要がでてくる。治療の主な対象となるのは比較的病状の安定した患者である。

2. 治療目的

集団歌唱療法は，非常に可塑性が高く，治療者によって，またどのような患者を対象として行なわれるのかによって，さまざまな治療技法をとりうる。

つまり，治療者の指向性や対象となる集団の特性により，たとえば，精神・心理療法的な治療を指向するもの，作業療法的なものや社会技能訓練の方向性をもつものなど，さまざまな治療意味をもたせることができる。このため，その治療意義も個々の場合で多少の違いがでてくる。

ここでは，筆者らが精神科で行なう際の治療目標を一例として挙げておく。こうした治療では，治療方法と治療目的が密接に関わっているため，詳細な施行方法を示さず，治療目的だけを挙げてもあまり意味はないが，1つの指針となると思う。

① （孤立状況に陥りやすい）患者の，他者との一体感の獲得
② （歌を歌うことによって，また歌をとおしてほかの参加者と交流することによる）自己実現の機会の創出，自分の悩みや不満のカタルシス
③ 楽しい愉快な時の分かち合い
④ 他人のことを配慮するなど社会性の育成
⑤ 治療者と患者の相互理解と治療関係の強化
⑥ 患者の音楽表現病理の把握とその治療的応用

3．治療構造

集団歌唱療法は，以下の要素の組み合わせにより，さまざまな展開や治療指向性をみせる。

(1) 治療者

セッションを導く主治療者と伴奏などを引き受ける副治療者の存在が望ましいとしている成書も多い。しかし，実際にはそれを1人で行なう場合も多い。対象にもよるが，歌唱の伴奏などの音楽活動とともに，個々の参加者の状況や集団力動に気を配り，治療的な働きかけをすることには，治療者にとってかなりの熟練を必要とする。また，治療者の音楽場面以外での対象者と関わり，たとえば，施設の常勤職員なのか，セッションの時だけの治療者なのか，などによって，セッションの力動は大きく変化する。

(2) 頻度およびセッション1回あたりの時間

セッションの頻度は週1〜2回，セッション1回に要する時間について

は集団歌唱のみのプログラムでは1時間前後といった施設が多い。治療的な働きかけを行なう時間が十分にとれ，患者に飽きや疲れが生じにくい時間であれば，プログラムに応じて調整して問題ない。

(3) 場　所

大きく分けると，デイルームなど病棟内で行なう場合と，病棟外の講堂や音楽室などで行なう場合とがある。前者の場合には，参加する患者にとっては日常の病棟生活の一部ととらえやすく，それゆえ参加しやすい。また，音楽療法スタッフ以外の病棟スタッフにも音楽療法の実際が認識しやすく，音楽療法への協力が仰ぎやすい。後者の場合には，変化に比較的乏しい病棟生活の中で生活のアクセントとなる可能性があり，病棟生活を離れてより自由な雰囲気で音楽療法を展開する可能性が得られる。

(4) 伴奏楽器

治療者が伴奏に使用する楽器は，適切な歌唱の伴奏が可能であれば何でもよいが，実際にはピアノなどの鍵盤楽器か，ギターになると思われる。鍵盤楽器では，歌唱伴奏でメロディと伴奏が同時に呈示できるという大きな利点がある。結果として，患者の歌唱を引き出すことが容易になり，音楽的な完成度もある程度は保証される。一方，ギターでは，普通はメロディと伴奏を一人で同時に演奏することは難しいが，簡単に携帯でき，セッションの場所を選ばないという利点がある。また，ガイドとなるメロディに影響されない患者の歌唱を聴くことができる。

(5) 参加者

セッションに参加する患者がどの程度選別されているのかで，セッション場面はかなり変化する。選別を加えない場合には，さまざまな疾患かつ年齢・性別の患者が参加することになり，セッションの目標は，参加者全員に妥当となるように設定すべく，工夫をこらす必要が出てくる。一方，参加する患者を年齢，疾患などで意図的に選別を加える場合には，治療についての具体的な目的をもたせやすくなる。

(6) 選　曲

セッションに使用する楽曲の選択については，これまでにも多くの議論が

なされている。大きく分けると，使用する曲をあらかじめ治療者の方で選択しておく場合と，セッションのなかで患者のリクエストなどにより曲を選択する場合とがある。もちろん，セッションの一部ではあらかじめ曲を決定しておいて，それ以外は曲の選択をリクエストにゆだねるなどのやり方もあるだろう。

　あらかじめ用意した楽曲を計画的に歌う方法の場合には，歌われる楽曲が患者に与える影響をコントロールするのがねらいの1つとなる。どのようなプログラムを用いるのが良いのかについてはさまざまな意見があるが，対象とする疾患や集団が異なり，さらに参加する個々の患者の好みもある以上，一律にプログラムについてのみ論じるのはあまり意味がない。一方，セッションの場でそのたびに曲を選択する場合には，参加者の自発性が重視され，それが治療的な方向で作用することも多いが，治療者により多くの注意と音楽的な技術が要求される。

(7) 歌詞の提示方法

　歌詞の提示方法としては，模造紙に大きく書いた歌詞を前方に掲げる方法と歌集を用いる方法の2通りがよく用いられている。前者は，患者が歌詞を見るために一点を見つめ，その視線上に治療者がいることにより，治療者からの注意の喚起や集中を行ないやすく，患者の歌う姿勢も良くなる。後者では，多くの楽曲を用意しやすく楽曲選択の自由が増し，また歌唱を無理強いすることがなく，積極的には声を出したくない患者でもセッションに参加しやすい。

(8) 小楽器，器具などの使用の有無

　音楽自体が身体運動を促進するが，小楽器や器具を用いてさらに，身体的なリハビリテーションなどに積極的な意味をもたせる場合もある。これは高齢者施設ではよく行なわれている方法である。

4. 集団歌唱療法のセッションをすすめるうえでの初歩的な留意点

　実際に，集団歌唱療法を施行するうえでのいくつかのポイントを挙げる。前項で治療構造についてやや細かく触れたが，結局，集団歌唱療法は治療者

の伴奏などで集団の音楽力動を制御し，それを治療的な方向で還元させるものであるから，どのような治療構造で行なうにしろ，治療者の言動や伴奏などの音楽的呈示が重視されることにかわりがない。

(1) 参加者の行動や参加態度などをよく観察し，参加者の歌唱をよく聴く

これは音楽療法に限らず大切なことである。しかし，実際には熟練者でも，歌唱の伴奏などに気をとられ，充分に参加者の態度や歌唱への注意を払えないことがある。

(2) 目標設定

治療目標は音楽的な成果以外のものを中心とする必要がある。集団歌唱療法に限らず，音楽療法は音楽を用いて音楽以外の治療目標を実現するものであるが，ややもするとそのことに対する認識が薄く，セッションの評価を音楽的な評価を中心として行なってしまうことも多いようである。

(3) セッションの参加者をみきわめる

年齢，疾患，性別などセッションに参加している患者の特性をみきわめ，伴奏やセッションの進行に反映させる必要がある。

(4) メロディの音域設定

集団歌唱療法が，集団で歌唱することをその治療方法の糸口の1つとしていることを考えると，メロディの音域設定は非常に重要である。もちろん，年齢・性別やセッションの雰囲気によって最も適切な音域は上下するので，即座にそれを見抜き，演奏できる技量が治療者には必要となる。

(5) 自分の声をどう生かすか

集団歌唱においては，歌唱の間は，治療者の演奏する楽器と声だけが，集団に介入できる主な手段となる。楽器と同様に治療者の声の使い方（あえて使用しないことも含めて）も重要なポイントになる。

(6) セッションのなかでの治療的介入をどう試みるか

集団歌唱療法に限らず音楽療法では，セッションの最中になにか治療的な介入を必要とするようなことが起きた場合には，可能であるならば治療者はまず音楽的な行為で反応することが望ましい。

(7) 特定の患者に治療的な力点を置く必要がある場合でも，全体の治療的

バランスに配慮する

　芸術療法全般にいえることであるが，こうした集団で行なう治療の場合には治療のバランスに配慮することが非常に大切である。どんな患者であれ特別扱いは良くない。ただ，集団歌唱の利点の1つとして，もちろん治療者の熟練度にもよるが，治療者がある患者の行為に反応して音楽的呈示をしたとしても，他の参加者にはそれは単なる伴奏として聞こえ，対象となる患者には意味のある音として聴こえる場合が多いように思う。

（8）盛り上がったセッションが治療的なセッションとは必ずしも限らない

　セッションが盛り上がり，参加者の声量が大きく，自発的なリクエストなどが多いほうが，治療者にとっては成功したセッションのように考えがちであるが，実際にはそうとは限らない。そのようなセッションで治療的な効果が大きかった場合も当然あるだろうが，自発的なリクエストもなく参加者の歌唱も充分でなかったセッションでも治療的な意義が大きいセッションはある。あくまで，治療的な面からセッションの意義を考えるべきである。

　それでは事例を1例だけ紹介したい。筆者と患者との直接の関わりは集団歌唱療法の場面が中心であり，音楽療法場面以外では病棟の医師の1人と患者といった程度の関わりであった。また当時，筆者は前任者からこうした集団歌唱療法を任されてまだ3，4年の経験しかない状態であった。セッションは週1回，約1時間行なわれ，進行は，ほぼすべて参加者からのリクエストによるものである。

5. 事　例：統合失調症　32歳　男性

　精神科的な遺伝負因はなく，特記すべき既往歴もない。27歳時に被害関係妄想にて発症し，統合失調症と診断された。この時には，薬物療法により比較的速やかに陽性症状は改善した。

　その後，約2年ほど精神病後抑うつ（post psychotic depression）と判断される無気力で自発性の乏しい状態となったが，29歳頃より症状が好転し復職した。しかし，31歳頃より，怠薬などにより再び被害関係妄想が活発になり，病的体験に影響されて家族に暴力を振るうことがしばしばとなっ

たため，32歳時に入院となった。入院当初は，妄想や興奮が激しく易怒的であったが，治療により比較的速やかに症状が改善し，約3カ月の入院加療にて退院となった。

　患者は，入院直後から集団歌唱療法への参加が主治医から許可されていた。また，患者が外泊していた1週をのぞき，継続的に毎回セッションに参加し，計12回セッションに参加した。

　患者はカラオケにいくことが大好きで，歌うことには自信をもっていたようであるが，この集団歌唱療法に参加した当初，つまり最初の3回のセッションについては，歌うというよりは，むしろただ怒鳴っているというのに近く，音程についてもリズムについても，ギター伴奏や他の参加者の歌唱と同調することが困難であった。その結果，日常の病棟生活には適応していただけに，周囲から「歌が下手だ」というように思われてしまい，このことが患者の自尊心を多少なりとも傷つけた様子であった。そこでその後，患者は「一番歌いやすい」と話していた「宇宙戦艦ヤマト」を連続4回（参加4回目から7回目）のセッションで続けてリクエストすることにしたようである。

　しかし，参加第4回目のセッションでは，治療者には念仏のようにしか患者の歌唱は聞こえなかった。参加第5回目のセッションには，リズム的には，ギター伴奏や他の参加者の歌唱と合致していたが，音程がメロディ全体でおよそ5度ずれたまま歌唱を続け，そのことで，ときに周囲と不協和となり，他の参加者に違和感を与えたが，患者は気付かなかった。

　その後，しだいに患者の歌唱は周囲と同調するようになり，参加第8回目のセッションに「贈る言葉」をリクエストしたときには，確かに患者が話していたように，カラオケなどでよく練習しているのではという印象をうけた。また，それ以後のセッションでは全体の歌唱をリードし，他の参加者の歌唱をサポートする場面も多くなった。なお，最後のセッション（参加第12回目）にも，「宇宙戦艦ヤマト」をリクエストしているが，患者によれば退院が近くなり，入院中の最も思い出深い歌としてリクエストしたという。

　この事例は，筆者にとっていくつかの点で大変に印象深い事例である。

第1点としては，患者の日常病棟生活の様子と集団歌唱療法場面の歌唱とで，かなり異なった印象を受けたことが挙げられる。患者は病棟生活では入院直後から比較的適応が良かった。しかし，集団歌唱場面では，その歌唱は急性期の精神病状態を反映していたのか，患者の本来の歌唱とは異なっていた面が大きかった。そして病状の改善とともに患者のもともとの歌唱表現に戻っていった。

　つまり，この患者は病状とともに病者の音楽表現は変化するということ，すなわち，病状と音楽表現病理との関連を実感させてくれたのとともに，患者の音楽療法場面と病棟生活の様子との解離から，日常の病棟生活や面接場面に限定されず患者の病状の見方をより多角的に考えるきっかけとなった。

　次の点は，患者が周囲から歌が下手だと評価され，そのことで多少なりとも自尊心を傷つけられた時期もあったのに，自由参加で途中退席も可能なこの歌唱療法に，意欲をもち継続して参加していたことが挙げられる。むろん，筆者と主治医はこのセッションに参加することで患者の病状が悪化することを恐れて充分な配慮を行なっていたつもりであるが，実際には特に治療的な介入を要することもなく，患者の病状は毎回毎回のセッションの度に改善していることが窺われた。

　こうした背景には，セッションでの患者の精一杯の歌唱が自然に他の参加者に伝わり，患者の歌唱が他の参加者にある程度受け入れられたとともに，他の参加者の歌唱が一種の枠になり，患者の歌唱が必要以上にその病理を表出しないように働いた影響があると思われる。

　筆者も，毎回のセッションの度に歌唱表現が変化する患者の歌唱に興味をもち，患者の歌唱を良く聴き，集団に対する影響に注意を払い，集団歌唱の枠組みを維持しつつも患者の歌唱表現の変化にすぐさま伴奏の仕方を変えて当時としては精一杯の音楽的な呈示をした。こうした音楽場面での瞬時の応答はポピュラーミュージックでいうコール・アンド・レスポンスやインタープレイに近いものだと思われるが，患者・治療者ともに精一杯の表現であり，ここから治療者と参加者とのごまかしのない共同作業として，新たな音楽場面を創出することが可能になったと考えられる。これらの受容と創造が，患

者のこの治療に対する意欲を継続させた理由の1つと考えられる。筆者からすると，治療者から病者への音楽的な意思表示ともいえる，楽器演奏の重要性を再認識するまたとない機会になったのである。

最後の点は前2点とも関連するが，集団歌唱療法のなかで，多くの曲の中から患者が「歌いやすい」とした曲が患者自身の希望として4回続けてリクエストされ，最後のセッションでも「入院中最も印象に残った」と自発的にリクエストされたということを挙げたい。

このことは患者がある程度自然な治癒力を発現し，同じ曲をリクエストすることで，自己の回復の指標としてこの治療を用い，最後に再び同じ曲をリクエストすることで集団歌唱療法での治療経過を総括したと考えられる。治療者側からみても，実際に病状改善を反映した歌唱表現の変化を確認できたこと，あるいはセッションを重ねるにつれ，患者が他の参加者の歌唱をサポートするなど患者自身のセッションでの役割にも大きな変化があり，それを患者が肯定的に評価していたことを考えると，12回という比較的少ないセッション数にも関わらず，音楽療法場面だけでも治療としてのまとめがなされたと考えている。つまり，こうした治療はうまくいけば，病者自身の自然な治癒力を阻害することが少なく，しかも比較的短い期間でも十分な治療意義をもつ可能性があることに気づいたのである。

6. 集団歌唱療法のまとめ

集団歌唱療法とは結局，リズムやハーモニーなどの音声と歌詞の作用，治療者あるいは他の参加者との言語的，非言語的な相互作用を通し，患者を治療的に導こうとする技法である。そこで展開される言語的，非言語的コミュニケーションには，治療者－患者間，患者－患者間，さらに歌詞を含む音楽－患者間という3つのレベルのコミュニケーションがあり，これらがそれぞれに絡み合って重層的に働いている。そして，既製曲の歌唱が歌詞という言語的な次元と音声・音楽という感情喚起的な次元をあわせもつことを踏まえ，それらを相補的かつ相互促進的に働かせ，治療に結びつくように留意したい。

最後に集団歌唱療法を行なう上で，筆者が治療者に最も必要と考える能力2点を挙げて集団歌唱療法の紹介を終わりたい。1点は（集団）精神療法的な能力，もう1点はそれを音楽療法場面で自在に生かすために必要な，音楽を適切かつ自由に使用する能力である。

2. 合奏療法

はじめにも記したように，合奏療法は，誰もがすぐに美的な音楽体験に参加できるための方法体系，すなわち丹野修一による＜合奏システム＞を丹野本人（別の場所では弟子の折山もと子）が臨床場面に応用したものである。この活動は，音楽そのものが中心的な治療効果を担っている点で「治療としての音楽」（music as therapy）の1つの極北と位置づけられ，また音楽そのものがこの活動の主目的となっている点で「音楽中心的アプローチ」（エイギン Aigen, K.）[1]という性格が指摘される。

したがって，セッションにおける留意点の大半は音楽的な局面でなされるべきであるが，それについては，本書第7章で折山が高齢者の実践に即してもっぱら音楽的な観点から論じているので参照願いたい（もちろん高齢者対象の実践と統合失調症者を中心とした実践とでは音楽の在り方も使い方も異なってはくるが，共有する特徴も少なくない）。また合奏療法のとくに理論的側面については拙著[4]に詳しく論じたので，そちらを参照していただければ幸いである。ここでは，活動に長く参加している精神科医としてこの方法の概要を述べ，主に臨床的観点から気づいた諸点を書き記すとともに，範例的な事例を呈示する。

1.「器楽クラブ」の概要

合奏療法は，作業療法棟における「器楽クラブ」として，1967年から行なわれている。対象は入院・外来の統合失調症患者やてんかんの患者数名で，毎週1回約100分間行なわれる（参加者の集まりが早いので最近はさらに延びた）。スタッフは丹野と折山，作業療法士1名，そして筆者の計4名で

あったが，最近はこれに1〜2名の合奏システム実習生が加わっている。

器楽クラブは，作業療法活動の一環としての位置づけがあるため，担当医の処方箋を受けて精神科作業療法室から依頼され活動に参加となる。医師や作業療法士により参加を勧められる場合もあるが，年に3〜4回行なわれる「器楽クラブ・コンサート」を聴いて担当医に自ら希望する病者もいる。

楽器は現在，主にシンセサイザー（数台）を用いているが，必要に応じて民族楽器を含む各種の楽器や楽器以前の自然の素材も使われる。シンセサイザーを用いるのは，演奏の技術的難易に幅が設けられること，音色や音量が自由に設定でき曲のイメージを実現しやすいこと，非楽音的表現が容易であることなどのためである。

合奏するのは，ほとんどすべて丹野自身の作曲したオリジナル曲であり，まれに既成曲を用いる場合でも丹野の編曲による。その際，参加者の音楽技術や音楽性，好み，また病態などに応じてパート譜が作られるため，参加者は基本的に練習なしに合奏に参加でき，しかも主体的に音楽に関わることができる。

セッションのすべては合奏活動であり，活動が始まれば音楽のみに集中する時間となる。交わされる言葉は少なく，あっても丹野による音楽的な指示とそれを受けとめる言葉が大半である。セッションは毎回MDに記録され，セッションのあとのスタッフ・ミーティング（1〜2時間）では，行なわれた音楽に関する話題のほか，参加者個々の音楽行為の特徴，あるいはその変化などについて微細なところまで注意深い意見交換がなされ記録される。

2. 活動の目的と治療的意義

活動の目的は，何をもってしても参加者全員で審美的な音楽空間を作り上げることであるが，それが結果的に以下に示すような臨床的意義につながる。図1のような同心円で考えると分かりやすい。後述する事例の理解に資すると思われるので簡単に解説しておきたい。

まず一番外側の円に示されるのは，参加者の日常生活や社会性に関係した局面である。統合失調症患者は，興奮が強く幻覚や妄想の著明な急性期を脱

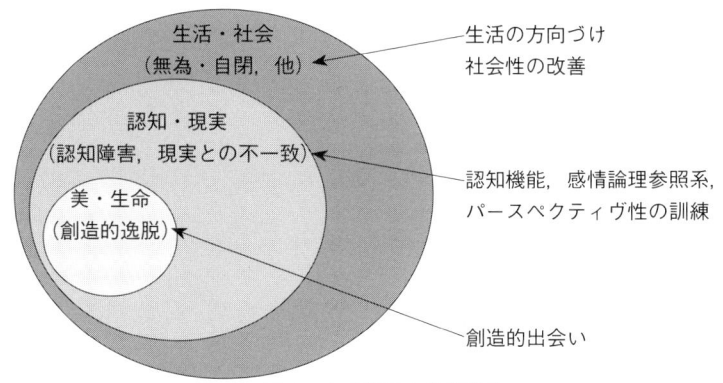

図中のラベル：
- 生活・社会（無為・自閉，他）→ 生活の方向づけ　社会性の改善
- 認知・現実（認知障害，現実との不一致）→ 認知機能，感情論理参照系，パースペクティヴ性の訓練
- 美・生命（創造的逸脱）→ 創造的出会い

図1　合奏療法の治療構造

した後，多くは不活発で自閉的となり，ひきこもった生活を送りがちになる。対人関係も苦手になるが，こういう病者が「器楽クラブ」に毎週規則的にやってくることは，まずはひきこもりの防止に役立つ。また生活にリズムや方向性を生む。また厳しく集中した合奏をともに行なうことで，参加者相互に仲間意識や連帯感が生じてくる。知らず知らずに社会性が育ってくるのである。

次に2番目の円は，より微視的な演奏行為に関わる局面である。統合失調症患者は，幻覚や妄想の土壌となる基本障害，たとえば他者の視点で対象を認識するためのパースペクティヴ性の障害，あるいは知覚の階層構造を欠いたり，場の範囲を限定してしまったりする認知障害がある。また感情と論理の相即や統合の障害を認める。こうした病者にとって，一瞬一瞬の音の動きに反応していく演奏行為は，これらの障害に対する絶好のトレーニングとなる。音楽行為に集中するなかで，彼らは知らず知らず，自発的に認知機能やパースペクティヴ性（つまり相互主観性）の，また感情論理参照系を回復するための訓練を行なっていると考えられる。

そして，最も内側に位置する3つ目の円は，上記のような音楽行為のはらむ「審美性」ないし「強さ」の局面を示している。音楽のもつリアルさや切実さの度合いを示すものといってもいい。病者の一見ネガティブな病態の底には，精神病理学的にみて独特な，生成的・生命的エレメントが宿ってい

るが[4]（創造的逸脱），この生成的エレメントと音楽の創造性がここで出会う（創造的出会い）。この次元が動き出したとき，音楽は生き生きとした審美性を帯び，病者は彼自身も知らない強い体験に巻き込まれ，これが新たな主体や現実の創出，つまり治療的変化への機縁となっていく。

　重要なことは，こうした音楽のリアリティや審美性の次元（3番目の円）が作動しなければ，参加者は自発的に，また集中して音楽に取り組むこともなく，音楽行為はトレーニング（2番目の円）としてもその効果を発揮しないということである。同様にこの次元は生活や社会性の局面（1番目の円）にも関係している。当然のことだが，音楽に病者個人にとっての手応えやリアルさ，そして美と喜びがなければ，彼らはわざわざセッションに足を運ばず，生活に及ぼす活動の影響やその意義も強いものではなくなってしまう。つまりこの創造的な次元は，合奏療法のまさに核心をなす必要不可欠な次元とみなされるのである。

3. 実践上で留意されるポイント

　ところで，このような活動がいかなる配慮のもとに行なわれているか，以上を踏まえつつ，次にいくつかの角度から述べてみたい。

（1）治療への導入にさいして

　セッションにはじめてやってくる病者はおおむね対人関係に過敏であり，緊張が高く集団場面は苦手である。年齢はさまざまであるが音楽の素人であることが多く，楽器演奏や合奏に苦手意識をもっている。加えて上に記したような認知障害のために技術的には制約されている。こういう病者を初回から抵抗なく合奏に参加させ，しかも充実した時間を体験してもらいながら次回参加への動機づけをするのは並大抵のことではない。

　あくまで本人の状態次第ではあるが，無理強いはせず初回は見学のみとするか入りやすい曲のみの部分参加ということもある。ただし見学のみの場合，目の前の音楽が圧倒的な世界を創っているため却って病者が臆してしまうことがあり，なるべく一緒に音楽を体験してもらったほうがよい。参加できる場合は，曲の構造に応じて，最もたやすい演奏パターンをその場で提示する。

演奏をみながら奏者の技術レベルに応じて演奏パターンを複雑化あるいは単純化したり，単純な音型を奏する場合でも，その音が全体のなかで音楽として効果的な響きをもつような配慮もなされる。同時に，新たな参加者が加わっても全体の音楽の質を落とさないような音の選び方をする必要がある（本書第7章参照）。

(2) 個人の課題とパート譜

参加者個々に与えられるパート譜は，その人の課題の凝縮したものでなければならない。もちろん，単に技術的な側面についていうのではない。参加者の音楽表現の質や強さも問題にされる。音楽行為には，それがいかに単純であっても膨大な量の情報が含まれており（あるイメージに従ってたった1つの音を弾いてみれば，それがいかに難しいかわかる），音楽にはその人の世界経験の在り方，生きざまが隠しようもなく現れてしまうからである。

パート譜に基づく個人の演奏においては，参加者個々のニーズに応じて，認知・身体運動的な観点から技術的に漸進的な向上が目指されるのみならず，ソロパートといった社会的役割が課せられていたり，感情的・感覚的な質感のデリケートな表現が求められたり，さらには演奏の説得性といったような奏者の存在そのものが試される課題が込められていたりもする。そうでなければ参加者は音楽のなかで自己と向き合うこともなく，行為が個々人にとって厳しくもやりがいのある営みとはならないからである。丹野は技術的には配慮しつつも，病者だからといって決して音楽的な要求水準を落とさない。限界を設けないことが彼らの尊厳を守るという考えからである。

興味深いのは，個々人の課題がこのように厳しいものなので，かなりの参加者が新規に参加してしばらくすると活動への参加に尻込みするという事実のあることである。しかし，ある種の達成感をもってこの地点を乗り越えると病者の表現は格段に進化し病態も好転する。セラピストには，それぞれの対象者がいま抱えている問題性（それは臨床プロセスのなかで常に変化している）を音楽のなかで感知し，それを音楽課題として参加者に提供する技術とともに，こういう難所を音楽的に解決していく力量が求められる。

(3) グループの「成熟」について

丹野がつねづね言及するのがグループの「成熟」という問題である。＜合奏システム＞の方法をもってすれば，いかなる参加者も即座に合奏に参加でき，演奏はもちろん生き生きと楽しいものになる（実際はそれだけでも難しい）。けれども，それでは「ジャム・セッション」に過ぎないと丹野はいうのである。レクリエーショナルな活動ならばこれで十分であり，合奏システムのそうした利用法も確かにありうるのだが，しかし合奏療法で問題にされるのは，それにとどまらない音楽の審美性である。

同じメンバーで回を重ねながら音楽をつくっていくと，徐々にグループの凝集性が高まり，音楽も密度や繊細さを増してくる。すなわちグループの音楽（グループ・サウンズと丹野はいう）が熟成してくる。音が合った，楽しい，スッキリしたということと，注意深く練っていって立ち上がった審美空間のなかで感覚的なやりとりに集中し，自己の課題に正対することとは，まったく別次元の音楽行為である。これは新しい患者の参加を次々に求める施設側の要請と現場の実情とが折り合わなくなる局面でもあるが，活動の質を問う視点からは，この違いにつねに留意していることが是非必要である。

(4) 音楽の「審美性」について

もはやいうまでもないが，合奏療法においては音楽が生きたもの，リアルなものであることがその方法の核心にある。したがって，実施上の留意点としては，＜セッションの音楽をできるだけ審美的にすること＞と記しておかねばならない。本来は，そうするためにどんな知恵や技術が必要かを紹介すべきであるが，それは丹野・折山の著書にまつ。ただ，それは知識や技術にのみならず，ひとの身体性や意識性にかかわることでもあり，修得には実際の体験（それも長期の）が必要となることを強調しておく。

「審美的」といってもたんに「美しい」ということではもちろんない。参加者にとって，音楽が皮膚感覚的に強くリアルなものとなることである。音楽のリアリティを高めるためには，当然のことながらそれ相応の緊張感をもって活動に臨まねばならず，演奏においては遠いものや微かなもの，兆候的なものに敏感に反応する意識と身体が求められる。これらは，いわば＜非常

時＞に生き延びるための能力であるが，そうすることで実際コンサートにやってくる聴衆すら涙する音楽的現実が立ち上がる。いかに緊張を強いる活動であっても音楽にこのリアリティがあれば，それが参加者を活動に惹きつけ続ける力となる。

4．事例呈示

では以下に統合失調症の事例を2つ紹介したい。いずれも先に記した治療的意義のすべてが読み取れる事例であるが，とくに，事例Aは，演奏の認知トレーニング的な機能，および（退院後の）生活のなかに占める活動の大きさがクローズアップされた事例である。これに対し，事例Bは，音楽の感覚性や審美性が治療に大きな意味をもち，統合失調症者の音楽的特性が顕著にうかがえると同時に，それが患者を現実に繋ぎとめる楔（くさび）にもなっていると実感される事例である。

事例A：統合失調症妄想型　46歳　男性

大学卒業後，技術職に就いていたが40歳のとき被害妄想，幻聴，作為体験にて発症し退職。神経科クリニックに通院するが，口渇などの副作用が強く服薬は拒否していた。再就職を何度も試みるがそのたびに被害的になり退職に至る。次第に家族も妄想の対象となったため，45歳時にわれわれの病院を初診し，著明な幻覚妄想状態にて入院となった。比較的少量の抗精神病薬により幻覚・妄想は消褪傾向にあったが，かわりに自発性低下，集中困難などの陰性症状が前景に現れたため入院途中より器楽クラブに参加した。

本事例では，音楽活動において「進歩」が1つのキーワードになった。

参加当初，患者はキーボードに向かう姿勢も悪く，打鍵は弱々しく簡単なリズムにも付いていけなかった。そこで丹野は，もっとも容易な2音の反復を提供し演奏を促し続けた。この時期，他にも2名同様にリズムの取りにくい参加者が加わったため，作曲される曲もシンプルなリズムを垂直線で合わせるビート感のあるものが多くなった。患者ははじめ茫洋とした表情であったり不服顔になったりしていたが，「踏みしめるように」，「足で弾く」

などの身体的で明確な指示のもと，また音楽の躍動感に引っ張られながら次第に演奏に体が入るようになっていった。

丹野は，単純な2音のほか，曲によって弾きやすいグルーピングをもったリズムパターンを導入するなど，徐々に技術的に複雑なパートを患者に課していく。また，同じ反復フレーズでも，「息をひそめて」など，より質的な要求を加えるなどした。患者は「疲れるね。すごい1時間半だよね」と言いながらも演奏に手応えを感じているようで，終了後は「解放感だね」と気持ちよさそうであった。病棟でなお妄想的であった時期でも，セッションにおいてはちぐはぐなやりとりはなく，現実的に課題に取り組む姿が印象的であった。患者は苦労しつつも課題を着実に克服していったが，演奏の技術的，質的向上とともに，幻覚妄想も完全に消失し徐々に活気も戻ったため，外泊を繰り返し，入院から約6カ月で退院となる。

退院後，患者は社会復帰を急ぎ，就職活動を望んだが，担当医から再発防止のためにそれは止められていた。復職を焦っていた患者にとって，器楽クラブは社会的な活動の代わりになったと担当医は話している。つねに患者の手応えとやりがいを保証すべく，丹野は彼にソロ・パートを任せたり，重要なメロディを担ってもらったり，即興でフレーズをつくる役割を提供したりした。もちろん，音楽の全体的美感を落とさない配慮のもとである。

患者も熱心に活動に取り組む。自らキーボードを購入し自宅で練習してくるようになる。演奏への取り組みも誠実で，「軽く」などの指示を体で会得すると「オッ」と声をあげたり，「わかった」と言ったりするが，それ以後はそうした表現が確実に身についていた（こういうデリケートな変化は重要である）。「こんなのできるとは思わなかった」と満足げな様子をみせたこともある。また「タッチだよ，タッチ」と音のタッチに気を配り，単に弾ける弾けないではない音楽的な表現にも積極的な取り組みをみせた。患者はこの時期，「（演奏すると）生きている実感があるね」との言葉を残している。（多くの統合失調症者と同様）患者の表現は健常者のそれより「正直」であり，表面に流れず，説得性が高かった。

外来に移って数カ月後，患者の演奏に余裕が生まれ，他の参加者の演奏に

まで気を配れるようになったころ担当医は就職活動を許可し，彼はコンサートで自分のパートを見事に演奏したのを最後に2年間にわたる活動を去っていった。

本事例にとって音楽活動は，病態に関しては損なわれた認知機能や根気・集中力などの適応能力を向上させる治療意義をもち，一方，主観的には厳しくも手応えがあり，また達成感を感じさせる「就職代替活動」として生活を意義づける機能をもったと考えることができる。

事例B：統合失調症解体型　39歳　女性

18歳の時，独語，思考障害，自閉傾向にて発症。精神科を転々と受診するが改善せず，われわれの病院にもこれまで3回の入院歴がある。今から8年前の第2回入院時より現在まで，断続的にではあるが器楽クラブに参加を続けている。参加開始時には強い滅裂思考，独語，感情の平板化，自閉傾向（ほとんど終日臥床）が認められ，薬物療法は手詰まりの状態にあった。幼少時にエレクトーンを習っていたことから上記症状の改善を期待し担当医（筆者）が活動参加を勧めたものである。

本事例は経過が長く治療プロセスにも紆余曲折がある。すべては到底書ききれないので，主だったポイントのみ紹介する。

活動開始時より約2年半は，滅裂思考や病的体験が強くキーボードへの打鍵すら困難な状態で，活動への参加も中断を繰り返した。その後の約1年間も，症状のため活動に集中できなかったが，参加は続くようになる。この時期，手指での鍵盤演奏は同じく困難だったが，上下に鍵盤を叩くことは可能だったので，大まかな動きの打楽器演奏を担当してもらっていた。患者の表現と病態に変化がみえ始めたのは，活動開始時より3年半ほど経過した頃である。

上肢の上下運動を演奏に取り入れ，鍵盤をまとめて叩き，不協和音の音群（星）を宇宙空間に飛ばすという曲想の音楽を導入した。広大な空間を想わせる音の不安な反復の上に，患者の音群（彗星）はバーンと激しくその宇宙空間に飛び出す。音群が飛び出すときに，そのスピードと勢いに相応しくセ

ラピストが非楽音をヒューッと彗星の尾光のように重ねる。音群は放物線を描いて空間を飛んで消える。それを受けて，今度は別の参加者がピアノで同じく不協和音の彗星をバーンと患者に向けて飛ばす。すかさず彗星の尾光が弧をえがく。患者はそれを受けてまた彗星をバーンと飛ばす。尾光が消えるとかわりにピアノの彗星がまたバーンと飛び出す。交互の繰り返し。徐々に星々は激しく宇宙を飛び交い音楽は無秩序に白熱する。ふと静まるとふたたび広がる宇宙空間。彗星の放物線運動が戻ってくる。やがて彗星の飛び交いは遠ざかり，無辺の彼方へと消えていく……。

　こうした原初的な動きとイマジネイティヴな曲想に反応したのだろうか。患者は徐々に演奏に集中できるようになり，自らの役割も的確にこなせるようになっていったのである。他の曲の経験も併せ，患者が鍵盤演奏に慣れてきたこの時期より，丹野は曲に即興演奏を導入するようになる。たとえば，早春の地面が次第に湿り草木や虫が動き出す，大地の目覚めを音にする。低いドローン（持続音）が揺るぎない大地を表現する。あるスケール（音階）のどこを弾いてもよい。すると患者は，他の奏者さえ唸らせてしまうような即興表現を行なった。音はさほど動かさず簡素である。しかし，一つひとつの音やその動きは，ケレンミがなく率直で説得性が高い。早春の地面のぬくもりや空気のゆるみが伝わってくる。セッションを追うごとに現実見当識を増し，患者は活動開始後，約４年で退院した。

　ことは即興に限らない。患者は，活動開始から４，５年目には，遠い森を想わせるアニミスティックな音楽で，うっすらとした意識のさなか，ふと湧き上がる切実な思いをキーボードで切実にうたい上げたし，また別の曲では，牧歌的なメロディをこの上ない説得性をもって弾き，なだらかに広がる牧草の丘を見事に現出させた。これらの表現は胸に迫るものであり，今も私の記憶に鮮やかである。この頃は服装もこざっぱりとし表情も自然になり，むろん言葉数は少ないが，音楽に関する言語的なやりとりに逸脱はみられなくなっていた。活動開始から５年ほど経った頃，外来担当医は「薬を変えていないのにこんなによくなった」と，この活動に対して驚きの声をあげている。

　患者の演奏から「（迂路を介さず）感性がいきなり突入する音楽」や「（秩

序にではなく）自由さに対応する身体」を感じた丹野は，ここ3年ほど，患者に即興的な合奏指揮を任せることがある。患者の音楽について「（芝居がかるのではなく）生物や細胞が分裂していくような，育っていくような，自分で自由に増殖・変形（変身）していける，そういう動きに親和性がある」と丹野は評している（これらの表現の精神病理学的意義については文献4）を参照）。

　だが，もちろん患者の病態は直線的に改善に向かっているのではない。ときには病的体験が顕著となり，思考障害が目立って活動を連続的に休むこともある。調子の悪い時は，音楽にも集中できず表現にも変化が現れる。フレーズとフレーズの間の余裕がなくなり前のめりになってきたり，表現が滑ってしまったり，タッチの指先のリアル感に乏しくなったり，空間がとれず，音符を処理しているに過ぎなくなるといった諸特徴である。

　ひどい場合，患者は亜昏迷に近い状態にすら陥るが，そんな状態でも音楽室にやってくることがある。休むときでも，自分でその旨電話してくることが多い。また長期に休んでいてもコンサートのスケジュールを気にしているようである。入院中，私は彼女が枕の下に楽譜を敷いて寝ているのを確認したし，外泊時に楽譜を持って帰るのも見届けている。患者が自分の役割（パート）の重要さに言及するのを聞いたこともある。厳しくも手応えのある活動を数年にわたり続けたことで，患者には自分の役割への責任感やこのクラブへの帰属意識が育ってきている。

　起き抜けのような顔で，動きの乏しい患者が，それでも懸命に自宅から音楽室にやってくるのをみると，あたかも戦場のなかで懸命に生きるひとの姿をみるようで胸を打たれる。本事例の病態にとって，音楽が治療促進的に働いていると実証的に示すべはないが，リアルな音楽活動をとおし，ややもすれば離れていってしまう現実に懸命に繋がっていようと彼女自身が努力しているのは確かなことである。

5. 合奏療法のまとめ

　以上，活動の概要と実施にあたっての留意点を簡単に述べ，事例を2例

呈示してみた。すでにおわかりのように，この方法は丹野修一による独創的な作曲・合奏理論と，創造された曲を実際の音楽空間に立ち上げる演奏能力とに立脚している。＜合奏システム＞の体系的なテクストやその教授法が確立されつつあるとはいえ，修得・習熟には長年を要し，また誰でもできるというものではない。つまり高度な専門性を要する方法なのだが，しかしだからこそ，治療場面で，まさに「音楽」でなければ実現しえない出来事も生起する。この方法のユニークさは，臨床現場に＜合奏＞という高度に発達した文化装置を導入することにより，精神医療のなかに音楽による「美」の効果をもち込んだことである。アンスデル（Ansdell, G.）は，作曲家チャールズ・アイヴス（Ives, C.）を引きながら，「音楽は人の生を表現するのでない。それは生そのものなのだ（Music does not represent life: it is life）」[2]と記しているが，合奏療法の創造的な＜音楽＞のなかで，参加者はまさに自分の困難な＜生＞を生きながら，それを乗り越えて新たな現実を切り拓いていく。

おわりに

　本論では，精神病院で行なわれる音楽療法として，集団歌唱療法と合奏療法のあらましを紹介した。紙数の都合からそれぞれに関する詳細は省かざるを得ず，また実践的な記述を優先させる都合上，理論的な論述は最小限に抑えてある。

　集団歌唱療法は，わが国でもっとも一般的に行なわれている方法である。多くはレクリエーショナルな活動として性格づけられるが，しかしここに記されるような配慮をもってすれば，それにとどまらない臨床的な内実をもつ方法であることが理解される。音楽における非言語性と歌詞における言語性双方によるコミュニケーションが，治療者－患者間，患者－患者間，音楽－患者間という3つのレベルで複雑に織りなされるところに特徴があり，治療者はこのコミュニケーションの錯綜のなかに治療的な活路を見出していくことになる。

　一方，丹野による合奏療法は，わが国のみならず世界的にみても類例をみ

ないオリジナルな方法である。活動のすべてにおいて音楽に照準が合わされ，行動特性や症状など音楽以外の臨床的変化はあくまでその結果にすぎないというラディカルな指向性をもつ。しかし，丹野により提供される音楽は，みごとに患者の個人的要求や臨床的問題に沿っており，審美的な音楽を実現するなかで，患者はそれぞれの音楽的課題に直面し，音楽するよろこびや苦労に手応えを感じながら，いつしか日常へと立ち戻っていく。

　こうして並べてみると互いに対照的な方法ともみえるが，少なくとも1つの共通点を見出すことはできるだろう。つまり，いずれの方法においてもその核心に音楽があり，その音楽が病者を動かすほどの「力」をもっていなければ治療的現実が皮相なものに留まってしまうということである。「音楽」療法にとってこれはいかにも自明なことではあるが，いくら強調しても足りないほど重要なポイントである。

文　献

1) Aigen, K. (1999) The True Nature of Music-Centered Music Therapy Theory. British Journal of Music Therapy, 13(2):77-82
2) Ansdell, G. (1995) Music for Life. Aspects of Creative Music Therapy with Adult Clients, Jessica Kingsley Publishers Ltd, London
3) 折山もと子 (2004) 高齢者音楽療法に求められる音楽　115-127　本書所収（第7章）
4) 阪上正巳 (2003) 精神の病いと音楽―スキゾフレニア・生命・自然　廣済堂出版

第2章　精神科・心理クリニックにおける音楽療法
――人格障害など非精神病性障害を対象として

松井　晴美・渡辺　直樹

はじめに

　わが国の精神科領域における音楽療法は，従来，入院の患者を対象として行なわれることが多く，外来やクリニックといった家庭や社会での生活と並行して治療を受けている患者を対象とすることは，最近こそ増えてきたデイケアへの導入を含めても，まだ少ないのが現状である。
　その理由の1つは「音が出る」という療法の性質上，その導入を困難にしている治療環境や設備の問題であり，また1つは医療機関の側の音楽療法への理解，認知あるいは信用といった問題が依然として大きく存在しているからといえるであろう。特に後者については医療機関が納得するだけの臨床および研究の集積が少ないことと，音楽療法士の教育，育成もまだ途上の段階にあるということが現状の打開を難しくしている要因ではないだろうか。
　ここでは，精神科の外来診療において医師が治療の一選択肢として音楽療法を取り入れ，それをパラメディカルスタッフとしての音楽療法士に委託した例を紹介しながら，外来診療における音楽療法の実践と留意点および今後の課題について述べる。

1. 外来診療における音楽療法の位置づけ

　まず，外来診療の時間の中で音楽療法がどのように位置づけられているか

について述べてみる。当院の精神科外来を訪れる患者で，最も多いのは神経症性障害，ストレス関連障害および身体表現性障害，そして人格障害などの，非精神病性障害である。

　ここで本論考の対象である非精神病性障害について，音楽療法をどのように考え，どのように位置づけ，どのような患者が適応であるかを考えてみたい。

1．外来診療における音楽療法とは

　まず多くの病院で行なわれているような大集団のレクリエーション的な音楽活動とは区別され，一人ひとりのさまざまな病態を抱えた患者が対象となるので，その病態により治療目標が異なってくる。すなわち，治療的アプローチの仕方が変わってくるのである。そこにはさまざまな創意工夫の入り込む余地があり，それが音楽療法のもつ良さとして活かされているのではないかと思う。またこのような柔軟な対応ができなければ，治療的対応も困難となる場合が多い。

　いくつかの音楽療法理論の中で精神分析理論に依拠するものがあるが，筆者らが行なっている音楽療法は，まさしく力動的な精神療法を中心に，音楽を能動的にも受動的にも用いて治療者−患者関係を展開させるものである。

2．適　応

　筆者らは次のような患者を適応と考えた。
（1）言語化の苦手な患者
　主に心身症の患者に代表されるもので，気管支喘息や過敏性腸症候群あるいは摂食障害などの疾患がこれにあてはまる。彼らはアレキシサイミヤ（失感情言語化症）や過剰適応という行動特性をもつ。したがって，ストレスを溜め込み，それを他者に言語化して表出できないがゆえに，さまざまな身体症状を呈する。

　そこで，音楽を用いることで，ストレスフルな感情を表出し，あるいは音楽を媒介として言語化を促すことができるのである。

(2) 音楽を聴くあるいは演奏することに関心のある患者

音楽療法を導入することの根拠として，患者の側に音楽への関心があることが前提となる。この場合，患者の音楽能力（上手・下手）が問題なのではなく，音楽への関心の有無が重要なのである。

演奏といっても，何も特殊な技術が必要なわけでも，何かしらの楽器が演奏できればならないわけでもない。要は，今の自分の気持ちや感情を表わす手段として声や楽器を使うことが，最もその時の自分に馴染む方法であればよいのである。それが馴染まなくなれば，あえて音楽のみに固執せず，絵画療法や箱庭療法など他の芸術療法をその選択肢とすればよいし，また音楽と併用することも考えてよいだろう。

2. 音楽療法の概要

1. 治療構造

1) 場　所：大学病院精神科の外来病棟，精神療法センター

ここで取り上げる臨床の場は，多くの診療科を併せもつ総合病院の外来病棟である。診療スペースには制限がある上，来院患者の数は多い。その中で音楽療法を実施するには，音を出しても差し支えない特定の場所が必要であり，そのために面接は外来病棟，音楽療法のセッションは別棟の精神療法センターで行なっている。

このセンターは2階部分の角部屋に位置し，2面をガラス窓で囲まれているので採光に恵まれている。床には絨毯が張られて，中央に大きな楕円形のテーブルとそれを取り囲む椅子，奥にソファとテーブル，木製の書棚，ピアノなどが壁に沿って配置され，観葉植物の鉢がリラックスした雰囲気を醸し出している。集団療法や会議にも使用するため，カウンセリングや音楽療法など，個人療法で用いるには十分な広さをもつスペースである。

2) 時　間：週1回　40分

基本的に週1回と設定しているが，治療契約を結ぶ段階で，患者の都合や希望などから，隔週あるいは治療上支障のない範囲内での，比較的自由な

設定が可能である。
 3) 形　態：個人療法
 4) 診療形態：自由診療（保険適用外診療）
 5) 使用する楽器：アップライトピアノ，リズム打楽器（スリットドラム，ボンゴ，ツリーチャイム，タンバリンなど），アンサンブル打楽器（トーンチャイム，メロディバー，テナー木琴）他

楽器に関しては保管場所に相応の広さを要することもあり，あらかじめ専用の部屋でももたない限り，その種類を豊富に揃えることは難しい。
 6) 備　品：数種類の歌集，CDラジオカセットデッキ

2. 治療システム（音楽療法への導入）

当精神科では，通常の外来診療の他に「精神療法外来」を設けている。これは，各主治医の外来診療の中で特に精神療法の適応があると考えられた場合に，主治医の治療とは別枠で各種の精神療法を受診できるシステムである（図1）。音楽療法についても，この「精神療法外来」の中で，カウンセリングなどと同様に，各主治医からの依頼で行なわれる。たとえば，音楽療法を導入する場合は，次のような手順によって受診することになる。
 1) 主治医の診察
　主治医より患者に対して治療を進める過程で選択できる1つの方法として，音楽療法の説明がなされる。
　→この時に患者の興味，関心の程度やモチベーションの高さが示される。
 2) 精神療法の依頼
　患者が音楽療法の導入を検討するとしたならば，主治医より精神療法センターに宛てて診療依頼が出される（依頼用紙にて）。
　→事前に音楽療法士が主治医と患者との治療場面でセッション内容の説明をする場合もある。
 3) 診断面接医の面接
 4) 事例検討会
　精神療法センターの事例検討会（月2回）にてスタッフ（医師，臨床心

```
            主治医の診察
```

── 精神療法の適応が考えられる患者に対する説明 ──
① 精神療法という治療法と治療に対する意志，意欲が必要なこと
② 精神療法の専門医（診断面接医）の面接を受けること
③ 患者側や治療者側の都合により，他機関への紹介もあり得ること
④ 時間（平日の規定時間内，月2回以上の通院）と
　　料金（種類によっては保険適用外診療となること）について

```
        精神療法の依頼
             ↓
        診断面接医の面接
             ↓
    事例検討会：適応の有無を検討
             ↓
        診断面接医の再診
             ↓
        1. 治療の開始
        2. 他機関の紹介
        3. 主治医に戻す
```

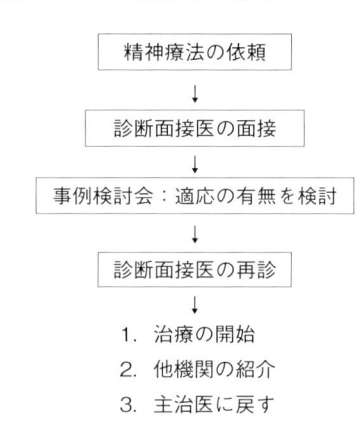

図1　＜精神療法外来＞の受診システム

理士，音楽療法士など）間で協議をした後，適応の有無を決定する。
5) 診断面接医の再診
6) 予備面接と治療契約
音楽療法の導入が決定したならば，予備面接を行ない，治療契約を結ぶ。
① 予備面接では，患者のこれまでの音楽歴や日常生活の中での音楽との関わり，また音楽療法についての疑問や質問などを聴取する。
② 治療契約では，音楽療法は保険適用外の診療になるので，あらためて患者の意志を確認した上で同意を得る。またセッションの内容についての情報は主治医に報告されること，そして音楽療法はあくまでも本人の自由意志を尊重するものであることを告げる。

3. 方　法

　個人音楽療法の多彩な技法についてはこれまでにも語られているように，さまざまな状況下で治療者の数だけ存在するといわれている。ここでは音楽療法への依頼理由に基づいて設定した治療目的に沿って，その時々で患者に応じた技法を取り入れることを基本に据えている。具体的には，音楽の聴取，演奏（即興を含む），創作（作詞，作曲など）といった音楽行為全般をその方法とする。

　その他，これまでに1例のみであるが，箱庭を音楽と併用したことがあり，治療の流れによっては，患者が表現したい媒体を音楽以外に求めることも特に制限する必要はないと考える。このような場合でも，当然ながら音楽療法の中で派生した1つの表現形態として捉えることはいうまでもない。

　セッションは基本的に10回を1クールとして設定し，その後の継続は患者の意志と音楽療法士および主治医の見解をもとに検討していく。

4. 記録と評価

　セッションの記録は記述式の用紙にてカルテに挿入しており，特にアフターミーティングというものがあるわけではないので，通常この記録が主治医への情報として伝えられることになる。基本的に1クールが終了近くになると，主治医との話し合いにおいてこれまでの経過に対する評価及び検討の後，以降の継続あるいは終了を決定する。

　ビデオ撮影機（VTR）の使用については，精神療法センターの室内にあらかじめ設置されており，以前は患者の承諾を得て使用していたが，承諾自体が患者の状態により得にくいことや，録画していることで患者の言動が不自然になることがあるなど，治療に支障をきたすことが少なくないために現在は使用していない。録画に関しては，慎重かつ十分な配慮が必要である。

3. 実際の流れ

　ここで，ある境界性人格障害の女性のケースを取り上げながらセッション

の流れを追ってみる。

事 例：Ａ子　境界性人格障害　音楽療法開始時26歳

大学３年時に持続する微熱精査のため当院内科へ入院した折り，看護師への過度の依存と行動化を呈したことが契機となり，精神科へ入院となった女性である[4]。

この初回入院時では，病棟内での激しい行動化に医師や看護師らスタッフもその対応に苦慮していたが，週に一度の集団音楽療法には毎回参加していた上，意欲的に取り組んでいたため，セッションの中で治療的な関わりをもつ試みを行なったこともあった[3]。

以後，退院してからの外来治療においては，頻回に繰り返される衝動行為や自殺企図（この頃マンションから飛び降りた際の受傷により，障害者認定を受けるほどの後遺症を負う）のために，何回となく入退院を繰り返していた。

このＡ子に外来での個人音楽療法が導入されたのは初回入院から６年後，主治医（渡辺）との治療が入院をめぐり緊迫した膠着状態にあった時期である。依頼理由は，もとより音楽に馴染みのある彼女に対して「情動の安定を図ること」であり，予備面接ではすでにセラピスト（松井）と面識があったことも手伝ってか，音楽療法の導入には意欲的であった。

こうして治療目標を「音楽あるいは音楽を媒介とする表現活動を通して，情動の安定を得ること」と設定し，セッションが開始された。以下，その経過をＡ子の治療状況とセラピストとの関係の変化を追って，次の４期に分けて述べてみたい。

1) 第Ⅰ期：Ａ子とセラピストとの治療関係が確立された時期
2) 第Ⅱ期：セラピストとの心的距離がうまくとれるようになった時期。状態の不安定なＡ子が対話場面においてはセラピストを揺さぶりつつも，音楽場面では安定していた時期
3) 第Ⅲ期：母親の死後，セラピストとともに，喪の仕事（mourning-work）を行なった時期。すなわち，母親の死という，見捨てられ体験

と喪の仕事による乗り越えの時期
4) 第Ⅳ期：社会復帰に向けての準備が始まった時期。主治医交代後の再生の時期

1. セッションの経過

第Ⅰ期：1～4クール（約1年）
　A子は2クール目で母親のがんが再発したこと[注1]から不安定な状態となり、母親の入退院と同時に当科、および当院整形外科へ入院することになったが、各科担当医の許可の元、外来での音楽療法は病棟から通う形で続けられた（精神科は閉鎖病棟のため、外出許可が必要である）。
　この時期のセッションでは、開始時にA子が希望した「歌唱」を中心とした関わりの中で徐々に治療関係が確立されていった。以下がその音楽活動である。
(1) いい歌探し
　当初は「歌いたい」と言いながらも特定の曲を提示するわけではなかったA子と、お互いに選曲し合っていくうちに彼女の嗜好が"歌詞のよい歌"であることがわかってくる。自分から歌集や譜面を持参することも多くなり、「今、ここ」における彼女の気持ちに対する共感や支え、慰めの言葉をセラピストと共に歌詞の中に見つける共同作業が行なわれた。
(2) 二重唱／二重奏
　歌唱から派生してA子の希望で始まった二重唱だが、回を重ねる中でしだいに楽器を使っての二重奏にも広がり、彼女が持参したクラリネットや部屋の中にある楽器とセラピストのピアノ、あるいはピアノでの連弾など、さまざまな形で繰り返された。
(3) テープ作り
　A子は帰宅してからも音楽と接する時間をもちたい、またセッションで

注1) A子が大学3年の折りに母親は乳がんを宣告され、手術を受けている。

出会った「いい歌」を母親にも聴かせたいということで，気に入った歌をセラピストの弾き語りでテープに録音して欲しいと希望し，これは時間外にセラピストが作ることになった。このように彼女は日常生活の中でも音楽と共に過ごすようになっていくのである。

　しかし，A子は整形外科の退院を2日後に控えた4クール8回目のセッションにおいて，「……退院することになりました。もうここには来ないと思いますので，音楽療法も今日が最後になります。今までありがとうございました」と開口一番に切り出した。そして，今回の退院を機に「もう精神科にもかからないと思う」「今まで病気のことや悩みは精神科の医者にしか相談できないと思っていたけど（中略），これからは自分でやってみたい」と言い，整形外科への入院中に医療スタッフや他の患者とのさまざまな関わりの中で感じたことを理由に，病院を離れたいという気持ちを語った。「安心できる環境にいたい」と精神科病棟および精神科主治医への依存が強かったが，その反動形成から，こうして音楽療法のみならず，主治医（渡辺）の外来診療も上記を理由にA子から一方的に断つことになったのである。

第Ⅱ期：5，6クール（約8カ月）

　第Ⅰ期終了約1カ月後に，怠薬したことから具合が悪くなり治療に戻った際，主治医（渡辺）から勧められて音楽療法が再開された。この頃A子は整形外科入院時にリハビリテーションを担当していた理学療法士を依存対象としていたことが問題となり，その関係を絶たれた上，母親の病状が悪化して再び入院したことで極めて不安定な状態となっていた。

　セラピストに対しても理学療法士に対する感情と同じものを求め，見捨てられ感が強く，怒りを激しくぶつけるが，「自分でも音楽は良いと思ってる」「一緒に何かをしたい」と3回の入退院（2回は他病院，1回は当精神科）をはさんでセッションは続けられた。

　中でも特に，二重唱とピアノ連弾が欠かせないものになっていった。

(1) 二重唱／二重奏（ピアノ連弾）

　二重唱で取り上げた歌は，第Ⅰ期では5曲だったものが3曲にしぼられ，

その内容は明らかに近く母親に迫る死を予感させるものであった。一方，ピアノ連弾では，セラピストが提示した1曲に集中して取り組み，純粋に音楽そのものに没入しているかのようであった。

(2) テープ作り

第Ⅰ期ではセラピストがセッションの時間外に録音していたが，ここではA子が弾き語りをするセラピストの傍らでその演奏を聴きながらテープの録音操作をする，という共同作業としてセッション中に行なわれた。

6クールの途中で母親の病状が極めて危険な状態となり，A子自身も危機的な状況を迎えたことで当科へ入院となる。この後病棟のアクシデントにより他病院への転院，そして再び当科へ戻った2日後に母親が死亡したことでセッションは中断された。

第Ⅲ期：7～11③クール（約1年半）

入院中に母親の死を看取ってから[注2] 4日後，3カ月ぶりに音楽療法が再開された。それから約1カ月の後，他病院へ転院し，近いうちに退職する父親との新たな生活に向けて外泊を繰り返しながら2カ月後に退院するが，その間も入院先の担当医から許可を得て父親に付き添われながらセンターに通い，音楽療法を続けた。

8クールの途中でセンターが移転するために約2カ月間は中断を余儀なくされたが，その後は毎回父親と共に来院し，徐々に外来での集団療法やデイケアへも参加するようになった。この頃にカルテの開示をめぐりセラピストに対する不信感と陰性感情とが噴出するということがあったが，時間をかけて十分な話し合いをもつことで彼女は納得した。

セッションの中でA子は，母親の死の前日に，かねてより約束していたとおり，母の大好きな歌を枕元で歌ってあげたのだと話すが，一方で，母の

注2) 入院中のA子は母親の病室を毎日見舞い，その死に際しては病棟の担当医とともに臨終に立ち会った。通夜と葬式には，外来の主治医に付き添われて参列している。

死のショックからしばらく音楽どころではなかったとも語っている。

音楽活動については次のとおりである。

(1) 歌　唱

第Ⅰ期で歌った歌をリクエストしては懐かしそうに当時の自分を振り返ることが多くなり，母親の一周忌を目前にした頃には臨終の床で歌った歌を歌えるようになった。

(2) 二重奏（ピアノ連弾）

毎回欠かさずに行なわれており，ピアノを弾くこと自体が楽しい，気分転換になると家でも時々弾いているとのことである。また二重奏についてA子が感じていることや，その意味についてなどをセラピストと話し合うようになってきた[5]。これまで続けられてきたテープ作りは日常生活の中でA子自身が作り始めており，時々セラピストにピアノ演奏と弾き語りを依頼することはあっても，セッションの中では行なわれなくなった。

こうして母親の死を徐々に乗り越えながら，少しずつ社会復帰を視野に入れたこれからのことを語るようになり，入院や希死念慮の気持ちは遠のいていると話すことが多くなった頃，A子は突然主治医を代えるのである。

第Ⅳ期：11④〜22クール（3年4カ月）

このA子の行動について主治医（渡辺）はしばらく事態を静観していたが，彼女の決断が変わらないと判断した時点で，主たる治療の場は，大学病院の外来からクリニックへと移り，主治医は以前当科に勤務していた女性医師（以下，主治医B）に代わった。音楽療法は，前主治医（渡辺）の勧めでそのまま継続されることになる。

新しい主治医Bとの治療関係が安定してきた頃に，社会復帰の準備となるデイケアの場所や彼女自身が考えている就労について話し合われることが多くなる。以後，父親との関係や母親の命日，主治医Bやセラピストの私的な事情など，A子が揺れ動く出来事が起こるたびに数ヵ所の病院への入退院を繰り返したが，日常生活の中では家事や車の運転などを始めて徐々に行動が広がっている。

セッションでは一時期音楽活動より言語による関わりが中心になる時期があったが，これまでの二重唱，ピアノ連弾に加えて曲作りや弾き語りなど新たな表現活動も加わった。

(1) 二重奏（ピアノ連弾）

第Ⅲ期の延長で続けられるが，曲作りを始めてからはその曲をピアノで弾きたいと希望し，セラピストが伴奏付けをしたピアノ譜でメロディと伴奏を分けて連弾するようになった。

(2) 曲作り

主治医が交代したことを機にA子から「新しいことを始めよう」と提案し，曲作りを始める。1曲は作詞がA子，作曲がセラピストで，もう1曲は作詞とメロディの一部をA子，残る部分の仕上げをセラピストが担当した。

(3) 弾き語り

(2)で作った曲を自分で演奏したいとのことから筆者が弾き語りの譜面を作り，それをセッションの中で練習しながら徐々にA子自身が自分の曲を演奏し，筆者は聴く側へまわるようになった。

テープ作りに関しては，上記の活動の中でそれぞれ出来上がった折りに録音していく形で行なわれた。

この後，セッションはセラピストの事情により一定の中断期間にあり，再開されるまでは手紙でのやり取りで治療関係を保持している。

2. この事例の考察——主治医の立場より

いわゆる境界性人格障害とは，対人関係で上手く他者と距離がとれず，「部分対象関係」しか築けない，という特徴がある。すなわち，他者の全体を把握できず，「不信感と見捨てられ不安」に悩むのである。マーラー（Marler, M. S.）によれば，生後15〜24カ月の間にみられる母親への再接近（Rapprochement）から，徐々に分離・個体化（Separation-Individuation）していくというプロセスがうまくいかなかったことから生じる病理であるという[7]。

A子の場合も母親のみならず，主治医（渡辺）への過度な依存が特徴で

あった。主治医は週1回のカウンセリングを行なっており，A子の再三の入院要求に対しては思うようにはいかないことを伝えたが，そのことでA子は毎回激しく主治医を攻撃した。

病棟には数回の入院歴があったが，外泊中に近くのマンションから飛び降りる，かみそりを隠し持っていることを看護師に伝えた後でリストカットする，好きな看護師の名札を取り上げるなどの行動化が認められ，病棟会議でもA子の入院については批判的なスタッフが多く，主治医（渡辺）は間に立って苦悩した。

このような治療者－患者関係ではなかなか治療は進展しないと考え，もっとA子の素直な感情が表出できるようにと音楽療法を提案した。これは，一時期悪しき主治医と良きセラピストとに分けて捉えるというスプリッティング（Splitting）の心理機制を強化することになったかもしれないが，主治医を代えた後に，前主治医（渡辺）に感謝の手紙を書いており，A子自身の自己対象表象が修復されていることから，治療に必要なプロセスであったと考えてよいのではないだろうか。

音楽療法のこの時間は，A子だけに提供される時間であり，そこでは，安心して自己表現を行なうことが可能な「抱える環境（holding environment）」が実現したのである。

セッションで行なわれた「いい歌探し」では，セラピストも一緒に自分の好きな歌を探し，自分の気持ちをわかってくれるという「共感し，共感される」体験が実現したといえる。このプロセスを通して，A子は自分の内面を見つめ，空虚な自己像から脱却し，「自己を慰める」という機能を内在化できたのだと思われた。

また，二重唱や二重奏では，セラピストに依存あるいは密着したいというA子の欲求がある程度満たされながら，適度に距離をおく体験がなされた。それはセラピストとA子がそれぞれ独自のパートを引き受けることにより，常に音楽上の距離を保ちつつ，響き合わせていくということである。そして，この二重唱や二重奏がセッションの中核になったことで，音楽上の枠が，すなわち治療の枠（limit-setting）となって，大きな役割を果たしたといえる。

さらに治療が進む中で，A子は母親の死を体験している。それまでも「お母さんが死ぬ時は私も死ぬ」と，ことあるごとに口にしていたA子は，この時危機介入を目的に入院し，主治医と共に外科病棟を訪問して母親の死を看取った。母親の死後は主治医に伴われて葬儀に参列し，他の参列者にきちんと挨拶をするなど一連の応対をこなしていた。

その後のセッションで，母親が亡くなる前にその枕もとで歌った歌（母親が大好きだった歌）を取り上げた時には，なかなか歌うことができなかったが，セラピストに支えられて徐々に歌えるようになった。まさに，悲嘆の仕事（grief-work）が成し遂げられたといえる。

そして，A子はセラピストの歌や演奏，あるいはセッションで行なった二重唱をカセットテープに録音しては，家で何度も聴いていた。これはウィニコット（Winnicott, D. W.）のいう移行対象（transitional-object）と考えることができる。すなわち，乳幼児が母親代わりのタオルなどがあって初めて安心して眠りにつけるというのに似ている。このセッションで経験した安心できる体験を，他の生活の場に広げることができているのである。あるいは，このセッション自体が，やがて実際の生活に出向いていく際の，移行経験（transitional-experience）であったともいえよう[8]。

以上のことから，音楽療法のセッションを通して，部分対象関係しか築けず，対人不信や自己不信に陥り，過度の依存と攻撃性しか表出できなかったA子は，徐々に安心できる環境の中で，この固定化した対象関係と行動化の悪循環から脱却し，自己を慰め，癒しながら自己と自己対象の全体を見渡す視点を獲得できたのである。そして，それは主治医との関係改善をも可能にしていたのである。

4．留意点

精神科あるいは心理クリニックにおいて，人格障害などの非精神病性障害に音楽療法を導入する場合，心がけたいことについて述べてみる。

1. 主治医および関連職種との連携

　個人療法においては，何よりも治療全体の経緯を把握することが重要である。主治医はもとより看護師，臨床心理士，外来のクラーク（受付事務）など，患者が関わるすべてのスタッフと連携をとらねばならない。それは，常に自由でスムーズな情報交換を可能とする状態を作っておくということである[6]。

　ここでいう連携の必要性とは，音楽療法士は1人の患者に関わる治療チームの一員であること，そして特に人格障害など非精神病性障害の患者が対象である時は，患者自身が複数の治療者を意のままに自分と関係づけながら病理を開花させていくことが多いので，治療者同士が密に情報を交換しながら進めていかなければならないということである。A子のケースがその必要性を十二分に伝えている。

2. 入院治療との兼ね合い

　治療の中で患者が入院する場合とは，当然その適応が外来から入院へ移ったということであり，手紙や電話などで関わりをもつにせよ，一時的に主治医の手を離れることになる。そうなった場合に並行していた他の治療をどうするかという問題では，個々の患者の状態や治療状況にもよるが，突然の中断がやむを得ないこともあれば，音楽療法の進行状況により継続が効果的と判断された場合は，入院しながら続けられる状況を作った方が良いこともある。A子のケースでみたとおり，大学病院のような総合病院では，外来の主治医と病棟の担当医や他のスタッフとの連携が比較的とりやすいことが多いので，その時々の状況により外来時と同じように音楽療法を続けることができる。

　ただ必要時に病棟が満床などで入院できない場合は，クリニックの場合と同様に他病院へ入院することになるので，主治医と入院先の担当医との話し合いにより，可能であれば外出許可や外泊という形で音楽療法を続けるという方法も検討してよいだろう。

3. スーパーヴァイズの必要性

　ここで紹介した外来での個人音楽療法は，前述したように精神療法センターにおける「精神療法外来」というシステムの中の一環として機能しており，すべてのケースは必ずセンター内の検討会で話し合われることになっている。
　中でも難治なケースについては，当科の客員教授や外部からのスーパーヴァイザーを招いて特別な事例検討の場を設けており，適切な指導を受けながらの臨床を進めることができる。これは，取りも直さず個人音楽療法が心理療法的な方法であるからこそ必要なことであり，セラピストも特にA子のケースでは主治医と共に何回もスーパーヴァイズを受けてきた。ここでその一部分を紹介したい。
　第Ⅱ期のセッション再開前に，精神科の治療を自ら一時中断したA子が整形外科へ入院した折り，女性の理学療法士を依存対象にして親密な関わりをもった一件は，後に主治医のもとへ戻ってから発覚して当然大きな問題となった。この時，その問題解決の場として，A子の治療関係者の他にセンターや病棟のスタッフも同席して公開面接（スーパーヴィジョン）が開かれた。外部よりスーパーヴァイザーとして招いた医師（それまでにもこのケースに対してアドヴァイスをいただいていた）がA子に面接をする形で行なわれ，その結果，彼女は理学療法士との関係を絶たれることになった。
　公開面接が終わってから同席した理学療法士は，A子とリハビリを通して関わったことがこんなに大変なことになるとは思わなかったと洩らした。
　こうしてA子をめぐる治療者たちの関係図がスーパーヴァイズされることにより客観的に整理され，治療全体にとって有効であったのはいうまでもない。ただ，このような公開面接で注意しなければならないのは，治療者側にとっては良かったことでも，衆目の中でA子が受けた「痛み」と，心ならずもこのような「晴れの舞台で注目された」ことで，新たにこの後の治療に及ぼす影響というものである。境界性人格障害の病理を考えれば当然のことではあるが，常に状況の打開が図られるときには，その功罪があるということも知っておかなければならない。
　このようにスーパーヴァイズの必要性はすなわち，松井紀和[1]がいうよ

うに，個人音楽療法の実践者にはカウンセリングや心理療法を身につけておくことが必要不可欠な条件になる，ということにつながるのである．

4. 今後の課題

このように外来治療の中で音楽療法を導入していくにあたり，今後の課題となることは，まず治療システムを明確にすることである．

入院治療のように一定の物理的，時間的な枠組みのある状況とは違い，外来での治療は，時にその入院治療をもはさむ長いスパンで考えていくものであり，途中で患者自身が治療をドロップアウトすることも少なくない．ここで取り上げた精神療法センターの「精神療法外来」のように，あらかじめ治療システムを明確にした上で主治医の治療計画のもとに音楽療法を導入しなければその効果は望めない．そして，患者にとっても主治医との治療の他に負担の大きい自由診療で他の治療を並行することは，それなりのモチベーションがなければとても続かないことであろう．

また，前述したように，個人療法では，特に音楽療法士は心理療法を身につけておかなければならない．欧米では，それも特に精神分析理論あるいは深層心理学の発達，深化が顕著である欧州では，個人音楽療法とはクライエントとセラピストが信頼関係を築き，「2人で作る場」という枠組みのもとに行なわれる，心理療法的な方法のひとつである[2]，とはっきり定義づけている．

人格障害などの非精神病性障害では必須条件ともいえる心理療法の会得とその必要性は，今後の音楽療法士の教育，育成の問題とも関わる重要な課題のひとつである．

おわりに

ここでは精神科の外来治療における音楽療法について，特に人格障害などの非精神病性障害を対象にその実際のケースを紹介しながら論じてきた．これまでその多くが外来治療の医師の部屋で行なわれてきたであろう個人音楽

療法が，今後は音楽療法士との連携のもとにチーム医療の一環を担えるものになるよう，音楽療法士自身の研鑽を重ねることが切に求められる。

引用・参考文献

1) 松井紀和（1998）音楽療法の実際―非精神病圏例　芸術療法2　実践編（徳田良仁・大森健一他編）　84-91　岩崎学術出版社
2) Decker-Voigt, H. H. 著／加藤美知子訳（2002）魂から奏でる―心理療法としての音楽療法入門　456-458　人間と歴史社
3) 吉田明日香・松井晴美・植田英里・渡辺直樹・藍澤鎮雄・長谷川和夫（1992）集団音楽活動において役割を取ることの意味について―境界型人格障害との関わりを通して―日本芸術療法学会誌　23(1):109-116
4) 松井晴美・渡辺直樹・藍澤鎮雄（1996）外来における境界例患者への個人音楽療法　日本芸術療法学会誌　27(1):113-119
5) 松井晴美・渡辺直樹・宮里勝政（2000）―境界例患者との個人音楽療法―二重奏に関する一考察―　日本芸術療法学会誌 30(2):53-59
6) 山下晃弘・加藤敏（2001）音楽療法　看護職のための代替療法ガイドブック（今西二郎・小島操子編）　医学書院
7) Mahler, M. S.（1975）The Psychological Birth of the Human Infant. Basic Books, New York
8) ウィニコット, D. W. 著／牛島定信訳（1977）情緒発達の精神分析理論　岩崎学術出版社

第3章　精神科デイケアの音楽療法
―― 集団歌唱活動の現場から

青　　拓美

はじめに

　わが国において「精神障害者の社会復帰」という遠大なテーマが，あらためて社会的に重要な命題として認められたのは，1991（平成3）年12月，国際連合総会において精神障害者に対する諸原則が採択され，それを受けた1993（平成5）年6月に，精神保健法一部改正案が成立，公布されたときである。筆者が，埼玉県下で最も早くからデイケアを開設・運営していた民間精神病院のデイケアの音楽療法を担当したのも，同じ年だった。筆者は，それまで12年間ほど民間精神神経科病院病棟内での音楽療法の実践，埼玉「やどかりの里」という全国に先駆けた精神障害者の社会復帰支援施設での啓蒙普及活動に音楽での単発的な支援の経験はあった。しかし，精神科デイケアという新しい施設での仕事，すなわち，精神障害者の社会復帰という目的とその過程については，おぼろげな理解しかない中での試行錯誤となった。
　この章では，精神科デイケアでの音楽療法に対して，社会や施設は何を期待し，そして対象者は何を求めて通って来ているのか。そして音楽でなければできない精神障害者の社会復帰の援助とは何か，筆者が日々の実践の中から考えてきたものを伝えたいと思う。

1. 精神科デイケアにおける音楽療法の概要

1. 精神科デイケアの目的と音楽療法の目的──社会そして施設側のニーズとは

　はたして，精神科デイケアとは何を目的に作られた施設であろうか？　もちろん，精神障害医療機関が対象とする統合失調症の患者群に対するケアが主たる仕事となるが，機能としての理想は，退院した対象者が職場復帰，社会復帰する前に精神的，心理的，身体的に回復したと自信をもち，安全に次の人生を歩む準備の場となることであろう。

　しかし，多くの対象者の現実は，慢性病としての精神病と向きあいながら，職場に復帰できず，家族の庇護のもと，あるいは生活保護を受けながら，少しでも自立して生きていく道を暗中模索していく，というようなものである。そのような先の見えない長い道のりにおいて，途中駅となるものが必要となってくるのである。その間，対象者が自宅での無為な時間や，行き場がなくあてもなく町を徘徊してしまうような無目的な日常を，少しでも減らすための場という役割，それがまず挙げられるわけである。そして，さまざまなプログラムの中で少しでも充実した時間を提供し，病気の再発予防，悪化の予兆の観察などの使命を精神科デイケアは基本的に担っているのである。

　施設からの要求として，音楽療法に求められることは，限られた施設空間で，より多くの参加者が同時に楽しめる活動プログラムとしてのスタイルである。年齢層，職歴など多岐にわたる参加者を同時に楽しませるものとしての要件は，内容に対する親近感，難しい技術を必要としない活動としての印象であり，基本的に自由参加であるプログラムに多くの参加者を引き寄せることとなる。しかし，内容は決して幼稚になってはいけないし，精神活動として自分の問題と直結するテーマが含まれていないと飽きてしまう。

　異なる個性，文化的背景をもった多彩な参加者が，共有しようとする文化的芸術的活動になるにはどうしたらよいか？　常に，精神障害の音楽療法に求められる第1の視点である。

2. デイケアスタッフが音楽療法に期待すること

　デイケアには基本的に医師，看護師，作業療法士，臨床心理士，精神保健福祉士，場合によっては介護職や多くの助手が関わっている。それぞれ，全人的に各専門的角度から対象者の障害への援助を行っているのだが，その中で，音楽療法に何ができるのか，もっといえば，音楽でのみ可能な援助こそが，われわれ音楽療法士の専門性として他職種から求められ，それに応えられた時，チーム医療としての音楽療法の意義がスタッフ間で受け入れられる。

　この視点で音楽療法士に求められることは，内向的な個性の対象者や，他者との言語的コミュニケーションを拒否している対象者が音楽療法を通して自然な人間関係を経験することである。音楽には，感情中枢，自律神経系に直接影響を与えることができる力がある。対象者の気分・テンポにあった好きな曲から，徐々に望ましい方向，たとえば，自閉的な状態を開放的にするような曲へと移行し，そのような音楽の働きで，固まってしまった心や身体をゆり動かしていくことにより，論理的に説得するのではなく，自然に対人交流の成立しやすい気分や状態に転導していくことができる。

　このように，音楽そのものが治療としての直接の効果を現すことが重要となるが，その前提として，デイケアが機能的空間であるだけでなく，人間的空間であるということを感覚的に共有する手段としても，瞬時に同一感を生み出しやすい音楽は効果を発揮している。そして，その音楽空間には，もちろん対象者の望む全てのジャンルの音楽とそれを受け入れる空気，およびセラピストが必要なのである。

　日本人にとって，唱歌，叙情歌，流行歌などの大衆歌は，ラジオ・テレビを通じて生活と切っても切れないものとして存在し続け，多くの人の人生の大きな位置を占めてきた。精神障害者にとってもそれはまた同様である。できるだけ多くの歌のレパートリーを用意された中，自由に選ばれた対象者の選曲は，無意識に対象者自身の問題意識，価値観などのキーワードを反映するものであることが多く，対象者自身の内的課題の現在を窺い知る貴重な手掛りであり，病識が推し量れるという側面も垣間見ることができる。その意味においても，セラピストには幅広い受け入れの窓口が要求される。

3. 精神科デイケアの目的と音楽療法の目的——対象者にとって

それでは，肝心の対象者のニーズとはどのようなものであろうか？ 発病以来，常に他者から否定的な目で見られ，ないしは見られていると感じ続け，どこか自己に対して否定的な視線を向け続けて，居場所がなくなってきた経験を多くもつ精神障害者である。ここが自分の居場所だという安心空間の確保は大きな精神的支えになることであろう。しかし，人はシステムとしての居場所が確保されたからといって安心するであろうか？ 同じ病の苦しみを共有する仲間がいて，相互に個性を認め合い共感しようにも，コミュニケーションのレベルが低下している状態ではその手段がない。そこで，その手段として，音楽の特性が生きてくるのである。音は意図しなくても聞こえてくる。さらに，音楽には論理的過程を通らず情動に直接的に働きかける力がある。共有できる音，心と心をつなぐ音楽を提示された時，対象者は何の強制も感じずその音楽に集中し，その音の場を共有した対象者同士は瞬時に仲間としての共有体験をし，お互いの孤独からの解放を言葉交わさずに体験できるのである。それは，受動的な活動の鑑賞であろうが，歌ったり演奏したりの能動的な活動であろうが形態に関わりなく，そのものの力が直接影響するのである。まず，対象者の障害を伴った能力・状態そのものを受け入れ，何の無理をもさせずに可能な活動から導入が開始される。その場面でのセラピストの音楽の提示は，対象者の能力，認知，感性レベル，環境すべてをどれだけ深い次元で洞察しているかという，セラピストの器の問われる重要事項である。対象者が場を「楽しみ」と受け容れたなら，それは即ち暗黙のうちに音楽療法という治療関係の成立への第一歩を踏み出したこととなり，「居場所」としての認知が開始されたことになるのである。

4. 精神科デイケアの音楽療法の実際——集団歌唱の精神的空間

では次に実際の場面を紹介しよう。精神科デイケアにおける音楽療法で最も一般的に行われている活動に，唱歌，童謡から「懐かしのメロディ」，演歌，歌謡曲，フォーク・ポップスなどの大衆歌の斉唱がある。多声部に分かれて合唱するわけではないので，「集団歌唱」と呼ばれている。一般的には

歌謡曲のメロディを全くハーモニーパートも付けずに斉唱することは，一種，異様な音響空間とも感じる方もいるかもしれない。しかし慣れると歌いたいところだけ歌えばよいという，個の存在が強調されすぎないとても楽な音楽体験となる。

　集団の年齢層が，下は10代後半から上は70代までと，とても広いのも精神障害の音楽療法の特徴である。音楽療法領域の中では最も幅広い年齢層を一度に対象としなければならない場面である。そのため，リクエストも多岐にわたっており，場合によっては民謡，学校で習ったクラシカルナンバー，シャンソン，洋楽ポップスなども希望曲として出る。最新のヒット歌謡などの要望も出るが，習って歌うという感覚はあまり場にそぐわず，知っている曲を歌い継ぐ形をとることが多い。したがって，セラピストはそこで出てきた曲にまつわる話題などを活用して，言語的なコミュニケーションをとるきっかけにして対象者と更に深く関わり，また対象者同士の関わりの生れる場へと道を開いていくのである。

5. 治療構造の概略

　筆者の現場の治療構造の概略を記すと，次のようになる。会場は施設の建物の条件もあってシューボックス型の空間に教室のように椅子が横に6人9列ほど並んで座る形である。集団音楽療法の治療構造には円陣を組むことを推奨する説もあるが，参加者が常時40名ほどの大集団なので円陣が大きくなりすぎることから採用していない。また，対象者に常に他者の視線に入る条件や，円陣としての他者との等距離の参加を強いることが，はたして音楽に集中できやすいかどうか，対象者のニーズの優先になるかどうかは一考の余地があるだろう。対象者の自由な着座位置によって距離感覚に明確な意思表示があることも捉えられる。筆者の意図としては，自然と近くに座りたがるようなセッションでありたいと考えて経過を追った変化を観察している。

　正面に歌詞幕の掲示，上手にアップライトピアノ，下手にカラオケのセットをしつらえてある。手元にはポップス特集，「懐かしのメロディ」特集，演歌特集，などと参加者から取ったアンケートにより編まれた歌集が渡され

てある。セッション内容に飽きたり，内容から意識を外したり，いわゆるハンドルの「あそび」の部分ができるためには，手持ち歌集の存在は欠かせない。歌詞幕だけで進めると，その場の集中はできるが，一方，その空気に重さを感じる対象者の逃げ場がなくなる。

2. セッションの実際

1. 導入から場の共有へ

　ある冬の日のセッションを描写してみよう。まず，季節感のある唱歌・童謡などをたくさん用意した歌詞幕を次々とめくっていって，対象者から「あっ，それ歌いたい！」と声がかかる曲を歌い繋いでいく。たとえば「冬景色」（さぎり消ゆる港江の……。日本の原風景を歌った歌）が出て，今年は雪がいつ降ったとか，寒さ対策には何がよいかなどの話題になる。別の対象者から，雪という話題で「雪の降る町を」がリクエストに出る。「哀しみ，それを乗り越えるのには時間が解決する」という歌詞をなにげなく歌う。「哀しみ」について，具体的なことは一切口にしない。各自に連想・回想することがあろうことは，その表情から十分に伝わってはくるが，本人が望む以外，一切そこには関わらないのが筆者の音楽療法である。歌の中における無意識での自らへの気づきが最も重要だと考えるからである。

　「かあさんのうた」が，このような場面で登場することもある。この曲も辛い冬の生活と春への憧れ，そして親子がテーマとなった情緒豊かな曲である。春を待つ気持ち。それは単に季節としての春にとどまらないのであろう。テーマがつながり次に選曲された「銀色の道」で，軽快な4ビートのスイングに乗りながら少しずつムードが転じていく。歌のテーマという，対象者自らの問題に直面しない形での明確な"主題の持続"がそこでは成立していることが読み取れる流れである。

　一方，好きにリクエストを出して良いという設定だと，まるで季節にそぐわない曲のリクエストが出る場合もある。歌集でさまざまな季節の歌が載っているものが対象者の手元にある場合，1月なのにクリスマスの曲や「花

（春のうららの隅田川……）などのリクエストが出る。明らかに現実見当能力が低下している対象者のリクエストなのだが、〈だいぶ季節が先取りですね！〉などとコメントしながら全員斉唱してみる。〈どうですか？　今の季節にこの歌を歌った感じは？〉と終わった後聞いてみると、大抵の場合、「季節感のある歌は違う季節に歌うと気持ち悪い」という反応になることが多い。歌の中で、季節感の再現と確認をし、「違和感」を感じる自分、ないしは感じなくなっている自分を見つめ、状況や場に対する認識力、即ち現実見当能力を高めていく結果になる。

2. リクエストの意味

　次に「リクエスト」の意味をもう少し深めて考えてみよう。集団歌唱セッションで、筆者が最も重要視していることは、対象者個人のリクエスト曲を集団で歌うという行為である。健常者にとっても自分の好きな曲、特に特別の思い入れのある曲が他者にも許容され、「いい曲だねえ」などと周囲の人間から高い評価を与えられた時、あたかもその曲を選んだ自分自身にも高い評価を与えられたようなイメージをもつことは多いのではなかろうか。歌は、その歌を好む者のアイデンティティと直結することが多いので、曲＝自分という暗黙の一体感が背景に生じている。対象者自身の生活暦から結びつく歌、自分と顔立ち・声音・感性など似ていると思っている好きな歌手の歌、歌詞に特別の思い入れのある歌、懐かしい記憶と結びついた思い出の曲、他者におおいに褒められた経験のある十八番の曲、などなどさまざまな経緯で自分のリクエストレパートリーは形成される。

　したがって、自分の提出したレパートリーの「心の一曲」を否定された時、とても傷つくことも考えられる。筆者は、このデイケアセッションでのリクエスト曲の斉唱は、集団における個の受容の寓意的行為としての意味を多分に含んでいると考えている。そこで必ず、リクエストを出した対象者の氏名を紹介する。ほとんどの場合、リクエスト提出者本人から何のコメントもなく、口の重い対象者が多いのだが、何か話したそうな場合の時のみ話してもらうことにしている。このように、集団歌唱セッションの大衆歌の斉唱には

自己閉鎖空間からの脱却，他者との時間空間の共有を，自らのアイデンティティを否定しない，更にいえば，承認される形で作り上げることができるのである。「集団行動も芸術表現も自己と他者との関係性の中で展開する象徴的行為」と高江洲義英[1]のいうように「関係性の中での表現する主体の展開」としての一連の過程がそこにある。

3. ソロ・パフォーマンスの意味

　筆者独特の方法として，季節の歌の斉唱を終わった後，歌謡曲等の「大衆歌リクエスト合戦！」の前に希望者による，独唱，独演の時間を設けている。聴き手の関心の薄い単なるカラオケの時間と違い，同じカラオケソフトを使いマイクをもって皆の前で歌うとしても，対象者本人にとっては数週間前から準備した「これぞ心の一曲」となる。同時に聴き手もそこでの演者の成功や失敗について，自らを投影し眼差しを向けているので，対象者の日常から比較すると非常に緊張の張りつめた場となる。

　この方法は，セッション開始当初は実現を考えもしなかった。というのは純然たる統合失調症の対象者とアルコール中毒などの薬物依存などの対象者，境界例などの対象者と一緒の場での自由な自発的な自己表現においては，場は積極性に勝る統合失調症以外の対象者の独壇場になってしまうことが多いからである。しかし，自己選曲・本人歌唱による自己紹介という枠を設け，自ら明確に拒否する方以外を，スタッフ各位のさまざまな励まし方や導き方で支援すると，歌ってみようという気持ちが動き出すことが発見された。そのようにして統合失調症の仲間の中でも，ある人が手を挙げて歌い出すと，それにつられてさまざまな方々が歌い出し，友人が歌っていることで刺激されて自らも歌おうとするという流れが生まれてきた。他者との交流による能動性の賦活はいくらでも現実には起こり得る。

　それに応じるように，拍手によって聴き手は表現者を承認し，受容する。表現者は自らの声で自分の「心の一曲」を披露し，それを音楽を媒介とした肯定的空間の中で他者との共有体験をする。そこには無為自閉，無関心というものは影を潜める。自らの問題に目をそらさない他者との関わり，即ち自

他空間の境界を一方では明確にし，他方それを乗り越えた自己一致が生れる。そして，それは常に歌という3分半のドラマの穏やかな枠に守られており，きちんと歌い終えた成功体験は同時に他者から承認されるという交流体験も導き出すこととなる。

3. 考　察

1. 声という素材

さて，筆者は歌唱の曲に上記のような留意を払っているが，その素材である「声」そのものに，より大きな関心を抱いている。具体的に「声」とは人間にとってどのような機能（コミュニケーションツールとしての）であろうか。筆者は主なる声の使い道は次の3つだと考える。

①動物と同じ言葉にならない警告音，唸り声，笑い声，泣き声など。
②人間にのみ固有な言語による論理的内容の伝達，即ち喋ること。
③①のことをも含める感情的な内容，感覚的な世界を言葉とメロディにのせて歌うこと。

声による伝達とはどのような要素が考えられるだろうか？　まず，言葉のもつ具体的に意味するものによって表される事実の伝達があり，そこに状況・感情の説明，並びに事実の共有願望ないしは差別化の表現も表れる。それを規定するのは，会話速度と時間感覚，判断速度，メンタルテンポ，声のボリューム，響きによる身体感覚の伝達，声音から表現対象に対する精神状態の伝達といった文字のみでは現れないさまざまな要素の集合体である。

歌うこととは言語的世界と楽器など言葉をもたない音楽世界，即ち音階・ハーモニー・リズムなどの音楽の規則に支配された世界と，そして①の動物的表現にも共通した感覚的・感情的表現の統合である。歌の歌詞による言語の伝達はイメージの誘導に重点が置かれ、論理の展開だけとはなりえない言語的世界である。歌詞の言葉のイントネーションとその歌詞に与えられたメロディラインの落差の歌い分け方によって，ある時は矛盾した人間の複雑な感情を表現するのである。音色（声音）による表現，テンポによる時間感覚

の表現，リズムによる身体感覚の表現，響きによる共鳴，伝達距離などによって音場空間としての環境に対する認知構造が，複合して感覚的世界を作り上げていく行為なのである．

2．声が出るようになるということ

さて，声が出るか出ないかは，人が生きる上での大きな問題である．声が自由に出るということは，楽器のような発音体としての身体の状態がまず問題となる．きちんと調弦された弦楽器の弦のような適度な緊張状態での声帯振動がより自由な発声表現の根拠となり，呼吸器が振動の元を作る空気の調節器や，音を増幅させる共鳴腔となる．さらに振動体としての声帯などの粘膜も含めて皮膚や筋肉の緊張や弛緩は心の状態と連動して変化する．この運動が身体と精神のバランスにより声が出たり出なかったりするゆえんである．

声が出なくなる理由はさまざまな原因がある．まず，①発声器官，すなわち呼吸器，声帯などの振動体など身体的な面に問題がある場合，②耳が遠いなどの聴覚認知に問題がある場合，などである．また，③環境の変化に適応できず，外界からの刺激を遮断して自閉状態に避難している状態，④全く生活意欲がなく，植物人間のような状態，などの心理社会的な面の問題も実は大きい比率を占めている．

筆者の現場では準備運動としての発声訓練のようなものは行わないが，セラピストである筆者がモデルとなって姿勢，呼吸法，発声法のコツなどを伝えることもある．あくまで，楽しむためのワンポイントアドバイスである．しかし，モデルとしてのセラピストが健康的な発声をしていると，自然と対象者もその音色に同調しようとして同じような姿勢，表情へと変化する．セラピスト自身の示す声や姿勢もモデルとして重要な要素であることと心がけるべきであろう．

大きな歌声を出すことは，ストレス発散に大きく寄与し，呼吸器を鍛え，姿勢を改善する．そして腹式呼吸は横隔膜の上下動で消化器その他の血行，消化排泄作用を促進し，呼吸関連筋を大いに働かせることでのカロリー消費により食欲を増進させるなど，おおいに健康に寄与する．つまり，声が出た

という体験は声を出した本人にとっては同時に健康な身体をもたらすことになり，身体から精神に向けての回復のルートを開くことになるのである。

3. 伴奏の意味するものと技術——即興的伴奏法

さて，歌のセッションを成立させるのに重要な要素に伴奏がある。主に使用されるのはピアノ，電子キーボード，ギター，オートハープ（コードをボタン1つで押さえられるギターと同じピックを使って金属製の弦を弾くアメリカの楽器）である。いずれの楽器も，音楽療法領域での特徴ある長所を有するが，大きな集団歌唱の現場の伴奏には，ピアノが望ましい。それは最も倍音の豊かな共鳴楽器であるからである。音の響きが場を作るというのは前項でも書いたが，対象者だけの歌声でその共鳴を作り出すのは至難の業である。ピアノによる曲の特徴を捉えた美しく豊かな響きで，リクエストされた曲の明確なイメージを作りあげることで，参加者全てがその音場空間を共有・参加したいと気持ちが動く。原曲の音色，リズム，ハーモニー，編曲の特徴を最大限，尊重した上で，対象者の音域（声域）テンポ感に合わせて移調し，アレンジされた伴奏が求められる。若尾裕[4]のいう「大局聴」による曲の特徴把握が伴奏者には要求される。

4. 論理的リズムと生命感覚的リズム

誰が聴いても違いの判る音楽の上手・下手とは何だろうか？　また，思わず聴いてしまう説得力のある喋り方とは何だろうか？　全体としての構成力，盛り上げ方，音色の豊かさ等々，さまざまな要素がある。しかし簡潔な様式と旋律をもつ童謡を歌ってもプロとアマの差は歴然とする。歌唱でも器楽演奏でも歌心があるとか，ないとかの言葉で片づけられていることである。

ここからは筆者のプロ対象のボイストレーナーとしての経験からの仮説であることをお許し願いたい。音楽の上手・下手，そして説得力のある喋り方のその差とは，即ちリズムの差だと考える。音楽は拍子が2拍子，3拍子，4拍子などと決められ，同じ枠の中で構造的に明確に成立している。しかしその定められた拍子をきちんと取るということは，楽器ならそれぞれの楽

器の特性，歌なら一人ひとり全て異なる，それぞれの声の特性に合わせたリズムの取り方の違いがある。特に歌は歌詞が付いているので，そのリズムの取り方は楽器以上に複雑になる。子音は音響学的に云うとノイズ成分である。そして母音と組み合わされてはじめて言葉となる。歌はそれがメロディに乗るのである。楽器より更にそのリズム感は複雑さを要求される。

　人は言葉で考える時，自らの直感と常識的な論理の狭間で揺れ動く。直感より論理を優先する時は子音にリズムを置き，直感を優先する時に響きにリズムを置く。そこには明確に時間差が生じる。そして，響きにリズムが置かれる時は，子音リズムと比べると極めて豊かな倍音共鳴空間が生まれる。倍音とはある音の振動数に対して整数倍の振動数をもつ上行音をいう。2音以上の共鳴と同じ効果が生まれ，豊かな音色の元となる。上手な弦使いや歌唱などではその倍音が特に豊かに出ている。音は波動であるが故に水面の波と同じように音波同士がぶつかり合う形になると打ち消しあい，同調しあうと拡大する。音楽家や声を使う人は豊かな響きを獲得するには，より拡大しやすいタイミングにたいする繊細さと聴き分ける能力が要求される。西洋言語におけるリエゾン（連声）は最後に付けられた子音の後ろに母音がつながった時，それを1つの音として捉える行為である。その作用で響きの流れは遮断されず，コミュニケーションとしての音声のつながりが途切れることはない。音響による時間・空間的な心理的効果が全く異なってくるのはその共鳴現象に依存するのである。そして，この共鳴に参与する音，あるいは音楽提供をすることが，生命感覚のあるリズムを対象者に体験させることになるのである。

5. 認知構造における共鳴現象と符合すること

　それでは何故，音響効果が安心・納得を導き出すのであろうか。初期の頃の電子音楽が不快な印象を人に与えることがあったのは，共鳴する要素，即ち倍音のことをあまり重視していない，素材としての音だけで作られていたからであろう。倍音が豊かに響く音響状態は，振動波の相互の共振作用により，単音より長い時間鳴り続ける。共鳴とは，単音よりはるかに楽な音の維

持なのである．1人で共鳴の豊かな歌い方で歌うにはかなり高度な技術と労力を求められる．斉唱では共鳴状態により，より発声の維持の楽で豊かな体験を他力によって誰でももてる．即ち，ひとりで生きるより集団で協力した生き方をした方が楽で心地よいという実感を，音という物理的現象で直感的に体験しやすいのである．

　精神科デイケアの対象者にとっては，「常識はこうなって，社会の機能は，そして法律はこうなっているので安心ですよ」などと，論理的な説得力のあることが大事なのではなく，直感的に自らの健康性，人生に対して立ち向かう自信に結びつく何かの可能性を，体感・納得できる瞬間が大事なのである．音楽によって他者と無理なく調子を合わせ，歩調をあわせること．それをより気持ち良い体験として獲得していくことができれば，社会性や常識獲得への自然な道の1つを音楽の力によって作り得たのではないかと筆者は考える．そして，音楽だけでなく音という範疇で考えれば，全ての医療・福祉関係者にとって，対象者との会話における話し方のもつ重要性は，今後，大きなテーマになるであろう．

おわりに：今後の課題

1. 病後の生活設計——過去の健康像との決別と今後の健康像の決定

　デイケアの対象者の心にとって，音楽療法の集団歌唱の時間とはどのような意味をもつのであろうか．回想の中にある過去の健康な自己像を歌の中に発見することは決して珍しいことではない．自閉的で表情も乏しい対象者が自ら出したリクエスト曲を皆に歌ってもらえた時など，それまで見たこともないような笑顔を見せることがある．自己肯定的な時代の回想，元気で未来に不安のなかった頃の記憶との再会，「楽しい」という気持ちの回復がそこには存在する．

　しかし，その自己肯定的な時代である，発病前の社会的立場は今さら，回復することは不可能なのだ．病気によって失った友人や学校や職場仲間，地域社会における人間関係，社会的立場と信用，闘病に費やした途方もない時

間などはもう戻ってこない。これからいかに病と付き合い，病という事実の置き場所を見つけて，少しでも自立していくか，その中で自暴自棄にならずに少しでも楽しく明るく前向きに生きていくかは，対象者本人一人ひとりの生き方の選び方しかない。そのためには，精神科デイケアに通い，外来通院している現実，そこでの音楽療法の時間を通して体験される現存する自分の健康性，身体に残る過去の時間の肯定的側面の再確認が重要である。その中での対象者本人の自立した健康概念の気づきへの暗喩的な音楽の関係は，その先の人生観，幸福観を自らの力で作り上げる助けになれば，と日々活動している。

2. 援助としての音楽——援助者としての音楽療法士の健康観が問われる

クライエントに現実への眼差しを向けることを音楽で求めるということは，とりもなおさず，セラピスト自身の現実への直視が音楽でできているかを問われることでもある。音楽家は常に音楽を職業とするようになるまでの過程で，さまざまな挫折，相対的な敗北，自らの能力の限界への挑戦に明け暮れる。クラシック音楽を追求した者，ジャズやポピュラー音楽を得意とする者，三味線や琴，尺八などを専門とする者があるだろう。異なる音楽のジャンルを修める者同士が出会うように，異なる個性の者が出会うのが社会である。各自のこだわり，美意識，健康性を尊重し，その追求を援助する視点とは，どれほど異文化に共感をもって接し，尊重するかであり，その姿勢は常にセラピストに求められる。

3. 精神科デイケアの音楽療法を通しての現代社会の再検討

社会構造と精神障害者の位置，果たして欧米文化とその価値観がもたらした幸福観，健康観は日本人にとってどのような意味があるのか。機械化と生産性向上による物質的充足のもたらす安心と幸福感，即ち病気からの解放，暖かく安全な家，食糧生産機械化による大量生産による飢えからの解放などのメリットを戦後の日本は享受してきた。しかし，精神的財産より物質文明としての生産向上効率を追求した結果，労働力確保による家族関係の崩壊は

核家族化，3世代で住む家族の激減を招き，年寄りの視点の欠如が当たり前になった。親子二者関係でしか，ものをみないことになり，親の真実を祖父母から子が知る機会や，伝統を語る機会を失った。現代物質文明を追求することは，すなわち効率化と同義語と考えられる。

　改めていうまでもないが，筆者は歌という最も原始的な素材で音楽をしている。その筆者にとって，音楽療法とは，西洋文明一辺倒によって日本社会に失われた人と人とのつながりの文化を最も必要とする精神科デイケア対象者の居場所を共に音楽で探して彷徨っている行為のような気がしてならない。もちろん，つながり具合は，対象者それぞれによって異なるが，人が人によって癒されるという関わりの文化の中での回復，場が人を癒すという真実を，音楽という媒介を用いて，やわらかに実現していくことが精神科デイケアの現場から，社会に向けて発信していけることでもあるのではと考えている。

参考文献
1) 高江洲義英（1998）集団精神療法と芸術療法　芸術療法1　理論編（徳田良仁・大森健一他監修）　岩崎学術出版社
2) 阪上正巳（1998）音楽療法の理論と展開　芸術療法1　理論編（徳田良仁・大森健一他監修）　岩崎学術出版社
3) 村井靖児（2001）精神治療における音楽療法をめぐって　音楽之友社
3) Jacques, J.（2001）音楽療法と精神音楽技法　フランスにおける実践（永田丕訳）　春秋社
4) 若尾　裕・岡崎香奈（1996）音楽療法のための即興演奏ハンドブック　音楽之友社
5) 音楽之友社編（1985）倍音の項　標準音楽辞典　p.845　音楽之友社
6) 山下晃弘（2001）「東京音楽療法協会第12回講習会資料」及び同協会平成12年12月5日定例会「精神科領域症例呈示」資料
7) 青　拓美他（2001）新しい音楽療法　音楽之友社
8) 青　拓美他（2002）音と癒し　音楽と癒し　現代のエスプリ　424

第4章　児童領域における音楽療法

岡崎　香奈

はじめに

　児童領域における音楽療法の対象者は，乳幼児期から思春期という年齢や，さまざまな疾患・障害，個人的・社会的なニーズなどという観点から，非常に幅広く設定されており，福祉・教育・医療現場という多領域にわたって臨床研究が行なわれている。治療モデルや臨床アプローチの違いによってもその手法は多様であり，現在でも新しい領域が常に開拓されている。

　本章では，一般的な児童領域の臨床実践の特徴を説明し，心理療法的アプローチの実例にそった音楽の治療的機能・使い方を紹介する。そして，音楽療法の専門性を追及するために臨床実践における留意点を検討しながら，音楽療法士の能力として何が必要であるのかという課題を考察していく。

1. 児童領域における実践の特徴

　現在の日本の音楽療法事情では，児童に対する実践が最も多く行なわれている現場が「自主グループ」（全体の 25.6％を占める）であり，次に多いのが「通園施設」（全体の 21.6％）と報告されている[4]。欧米では，養護学校や特殊学級の中でチームの一員として音楽療法士が雇用されているケースもあるが，日本の教育現場での実践は，障害児教育に携わる職員が音楽療法を勉強した上で行なっているというのが現状であるため，「養護学校」での実践が全体の 5.6％となっている。また，「小児病院」における実践の比率が

1.6％と圧倒的に低く,この数値が,小児医療現場における音楽療法実践のこれからの課題——特に保険点数に関わる雇用の困難さ,人的資源の確保など——を物語っているであろう。

一般的に,児童を対象とした音楽療法では,個人の発達を促進し,身体的,心理的,社会的な成長を目指すことが目的とされているが,医療現場においては,入院している児童,ターミナルケアにおける児童の患者,またその家族・友人まで対象を広げていくため,心身の発達の促進だけではなく,気分転換,痛みの緩和,心理療法的ケアなど,児童個々のQOL（quality of life；生活／生命の質）の向上,といった要素も加味されなければならない。

また,自主グループや通園施設では,個別での介入よりグループでの実践が行なわれる傾向が強い。「母子グループ」といった親子を対象にしたセッション形態もよくみられる。このような,対人的要素や社会性の向上などを目的とした発達的指標をもつ音楽療法も,特に未就学児などを対象に行なう場合必要不可欠なものといえるであろう。しかし,現状では[4]現場における条件の制約などから,個別的介入またはそれに準ずる形態でセッションが行なわれることが困難であると思われる。治療者がセッション形態（個別か集団か）を,個々の対象者のニーズに合わせて判断し選択する,という本来の臨床手順を踏めるような形態になることが必須である。

表1は,児童領域における活動内容と治療目的の概要を示すものである。対象となる子どもの障害・疾患,年齢,ニーズによって目的が設定される必要性はいうまでもないが,と同時に,セッションの効果は,セラピストが如何に柔軟に瞬時のクライエントの変化とニーズに応えていけるかが決め手となってくる。

2. 心理療法的アプローチにおける事例

事例を紹介する前に,音楽療法での多様な臨床モデルにおける心理療法的アプローチの役割について触れておく。ブルーシア（Bruscia, K.）は音楽心理療法というモデルを提唱する中で,ここでの目的の特徴は,自己認識の

表1　児童領域での音楽療法における活動内容と主な治療目的［岡崎香奈[6]に加筆］

活動内容	主な治療目的
楽器活動 ・太鼓を叩く，ベルを鳴らす，などさまざまな楽器を体験する。 ・即興的に弾く ・合奏活動　など	・音・音楽を使っての自己表現・感情表現の促進 ・コミュニケーションの促進 ・集中力・注意力の向上 ・エネルギーの発散 ・身体と感情のコントロールの促進 ・身体機能の促進（協応，左右の分化など） ・（グループセッションでの）集団スキル・社会性の促進（順番を待つ，他者を意識するなど）
歌唱活動 ・声をだす（ハミングも含む） ・歌をうたう ・歌を作る	・声を使っての自己表現・感情表現の促進 ・呼吸のバランスをとることによっての，感情の安定 ・言語的な認知・表現力の促進 ・歌を作る過程での，自己表現・感情表現の促進
身体活動 ・音楽に合わせて動く ・動きの模倣をする ・ダンスをする ・オブジェを使って動く　など	・身体のバランスの促進 ・身体のコントロールの向上 ・身体部位の認知 ・エネルギーの発散 ・創造力・想像力の刺激 ・統合運動の促進
音楽と絵画・他芸術活動の組み合わせ ・音楽を聴いて絵を描く ・音楽を聴きながらオブジェを作る（粘土など） ・音楽劇・ミュージカル　など	・さまざまな媒体を通しての自己表現・感情表現の促進 ・創造力・想像力を刺激し，自己尊重をはぐくむ ・sense of self（自分自身という感覚）の確立
ことばを使った活動 ・カウンセリング的アプローチ ・ラップなどを通して，自分の感情表現をする ・クライエントが好きな音楽をかけて，それについて話をする ・即興活動後に体験を言語化することで，自己確認し，また他者と共有する　など	・言葉を通しての，自己表現・感情表現の促進 ・音楽の歌詞を使って，自分の心理を代弁する ・言葉による，感情の確認・プロセシング

増加,内的葛藤の解決,感情の解放,自己表現,感情や心的姿勢の変化,対人能力の向上,対人関係における問題の解決,より健康な対人関係の構築,情緒的トラウマの治癒,より深い洞察,現実見当識,認知的な再構築,行動の変化,生活におけるより深い意味づけと達成,またはスピリチュアルな発展であると述べている[2]。また,特に即興,歌唱,音楽によるイメージなどを使用した音楽体験が,臨床における力動的な要素をもたらすことができるとも記している[2]。

個々のニーズによって違いはあるが,子どもが機能・認知的な原因からではなく心理的な原因によって対人関係または社会性に問題を抱えている場合,必ず防衛メカニズムが働き,抑圧,退行,投影,否定などの表現が出現してくる。音や音楽を使用する音楽心理療法場面においては,言語を媒体とするよりも,楽器の鳴らし方,声の出し方,身体・表情の緊張度,出している音のダイナミクス・方向性などからこれらの表現が読み取りやすく(もちろん音楽療法士の感覚訓練が必要であるが,このことについては後述する),これらの葛藤する心理的両極性(アンビヴァレンス)を表現・代弁し,その幅を拡げながら振り子のように行き来できる感情表現媒体として,振動的かつ感覚的な音や音楽は治療手段として有効であると思われる。

ここでは,筆者が実践した音楽心理療法的アプローチを中心とした臨床例を具体的に紹介する。

1. 神経難病女児に対する個別音楽療法――即興音楽を媒体にしたアプローチ

1) 対象児

神経難病〔自律神経(不随意筋や腺の分泌を受けもつ神経)に異常がみられる,世界でも極めて珍しい病気〕を抱えた10歳女児。

2) 概　要

口から食物を飲み込むことができず,8歳までチューブによる流動食にて栄養を摂取していた。その後は経口で食事ができるようになっている。身体は標準発育よりも小さく,長距離の歩行が体力的に疲れるため,学校の通学

などは車椅子サイズの乳母車に乗っていた。また，このことで脚力も発達していないので，身体の重心の移動や左右の安定（片足立ち，ケンケンパーなど）が未発達であった。

知的に障害はなく普通学級に通学していたが，入退院などの不定期な出席で計算や読み書きなどの理解が遅れていることもあり（セッション終了の時期に学習障害の疑いが出てきた），同年齢の児童と比べて学力面での差がみられた。日常生活での友人との交流はあったが，本児は他の子どもと比べて自分の身体が弱いことを認識しており，長距離歩行や活発な運動ができないこと，得意な学科や特技がないことなどから，自身に対する評価が非常に低く，引っ込み思案で，何をするにも自信をもつことができなかった。

彼女は，晩婚夫妻にやっと授かった一人っ子で，両親は彼女の治療や訓練のためにはどのような労力も惜しまず，愛情に溢れた家族環境で育っていた。彼女は，母が就寝時に読むたくさんの物語を好み，両親がテレビやラジオで楽しむ音楽にも興味を示した。両親とは活発に会話をしたが，外部の人間とはあまり会話をすることもなく，質問に対してうつむき加減に短い返答をするのみであった。また，自分から話しかけるということもほとんどなかった。

本児の低い自己評価や，ひきこもりがちな心理状態を改善させたい，という母親の希望から，週1回約30分の個別音楽療法セッションが開始された。セラピストは筆者，コセラピストは音楽療法を勉強中の音楽家が参加した。セッションは6カ月間継続され，彼女の転校を機に終結した。

3）初回時の様子

セッション室に入室後すぐさま，いろいろな楽器（スネアドラムやシンバル，メタロフォン，ツリーチャイムなど）に興味を示し，目を輝かせながら触り始めた。セラピスト（筆者）がピアノの即興を始めると，ピアノの音を意識して，どのように鳴らしたらよいか一瞬ためらったような表情をみせた。しかし，あえて言語的な介入を一切せず彼女を包み込むような音でピアノの即興をすると，だんだん安心した様子で手やバチを使って楽器を鳴らし始めた。

彼女の音はどちらかというと弱く，非主張的な音であった。彼女がバチ

を持ち替えたときにたまたまシンバルにあたり大きな音が発せられたとき，「あっ，やっちゃった」というように肩をすくめ口に手をあて，気まずそうな表情を見せた。その表情は，彼女が自分の「許容範囲」外の音を受け入れられないこと，そして大きな音を主張的に叩くことに対して心理的抑圧があることを象徴していた。

また，セラピストが本児に対して〈〜やってみる？〉〈〜やろうか？〉と尋ねると，必ずといっていいほど「できないよ」「わかんない」という答えが返ってきて，彼女の迷いや不安，自信のなさが表情や仕草にも表現されていた。しかし，逆に彼女にあえて言語で問いかけることなく〈さあ，やろう〉というように音楽活動に上手く乗せると，嬉しそうに参加し始める姿も印象的であった。

4）治療目的
　①自己表現の促進
　②セルフ・エスティーム（自己尊重）の向上と，自信の増大
5）治療経過

この一連のセッションでは，即興音楽が用いられた。特に，彼女の自信不足から抑圧され制約されていた感情を解放し自分を思い切り表現する手段として，構造性と自由性との間を自由に往来できる即興音楽の使用は，彼女の治療目的に合致した。下記に，治療プロセスにおいて重要だったと思われる場面を記す。

4回目のセッションで，彼女が好きな天気を題材にした絵本の話題になり，またその日の天気が雷雨であったことから，「雨と雷と風」という身近な題材を中心にした即興が自然に（セラピスト側からは意図的に）始まった。彼女の使用楽器は，シンバル，メタロフォン，ツリーチャイム，スネアドラム。セラピストはピアノで対応した。即興は無調音楽で，セラピストは，ゴロゴロという雷の音を低音部で弾きつつ，高音部ではピカッという稲妻のイメージの音を硬く高い音域で奏でた。また，さまざまな雨や風の雰囲気を，ペダルをたくさん使いながら不協和音を含むさまざまな音程とダイナミクスを使用したトレモロで創り出していった。この際，セラピストは一方的に音楽を

提供するのではなく，彼女の楽器へ向かう姿勢，意欲，興味や関心，実際に音を出すさまなどを観察しながら，それに合わせた。

　最初は，少し戸惑い気味であった彼女も，自分が鳴らす楽器での範囲を少しずつ広げていき音量も高くなってきた。しかし，このような場面での彼女の傾向は，いわゆる感情の解放のクライマックスに向かって盛り上がっている最中に「できない，できない」といって，やめてしまうことであった。そこで，雷がだんだん近づいてきて「どーん」と落ちる瞬間まで音楽を高めていき，いよいよ落ちる瞬間にコセラピストがシンバルを持ち上げ彼女の眼前に差し出し，彼女に叩かせようと試みた。時々コセラピストが手を大きく振り上げる動作を示すと，はじめは大きな音で叩こうとしなかった彼女も，視覚的な援助によって，だんだん自分のエネルギーをシンバルに叩きつけることを楽しみ始めた。セラピストは，即興をしながら時々〈また雷来たよ〜〉と言語で伝えながら，次のクライマックスへの心の準備をさせた。

　この場面が，彼女が日常では体験できないようなエネルギーまたは感情の発散や自ら鳴らした大きな音に包まれる喜び，そして満足感をもたらし，また，何をどのように奏でてもそれが共有された音楽活動になっていくという劣等感をもつことのない体験が，彼女の中に好奇心という芽を生やしたと思われる。この後，彼女はセッションに来ると，自分が読んでいる絵本のことを話したがり，それがセッションでの即興題材になることが多くなった。

　また，即興をしながら彼女は自ら絵本のストーリーを変えていったりもしたが，こちらは訂正や指摘をすることなく彼女の創造性と想像性をともに膨らませていく作業を，音楽を用いながら行なっていった。彼女の出す音が，どんどん自己主張的になり，また，絵本の微妙なニュアンスを色々な鳴らし方（バチの反対側で鉄琴を叩きながら〈涼しい音〉の表現をするなど）ができるようになってきた。時には感情があふれ出すのを抑えきれないような衝動を打楽器で表現した後，「あっ」と口を押さえて回りを見るようになったりなど，明らかに表現の幅が音楽の変化の中で広がっていったといえる。

　8回目のセッションでは，セラピストが意図的に2つのシンバルを彼女の両側に配置し，バチを大きく振り上げた形で「自分が感じているよりもっと

大きな自分の存在」を体感して欲しいと願いながら，音楽もだんだん重厚感のある音域の広い方向性のあるメロディと力強いハーモニーで即興音楽を付けていった。ここで重要であったのは，彼女の感情の高ぶりに合わせて音楽を盛り上げていくことであり，彼女より前に音楽が先走っていくことは避けなければならなかった。セラピストは慎重にかつ意図的にメロディの音域の幅と和声の厚みを調整しながら，また，彼女に対して肉声で歌いかけながら，少しずつ臨床的なクレッシェンドを試みていった。予想通り，彼女の音楽のダイナミクスは膨らんでは萎み，というアンビヴァレンスの繰り返しではあったが，萎みの次の膨らみは，その前の膨らみより明らかに大きく，萎みの時間は徐々に高く飛んでいくための助走のように感じられた。

「ここで彼女の感情的な閾値を越えることができる」と直感したセラピストは，どんどん彼女を音で引っ張っていき，最終的に2人でクライマックス的でカタルシス的な祝賀の瞬間（とき）を，音楽とともに迎えた。それは，彼女のセルフ・エスティームに栄養が注入されたような，少しずつそれが質・量ともに拡充していっているような感じを受けるような，印象的な体験であった。その後，彼女は大きな声で初めて「さようなら」と歌い，シンバルをわざと大きな音で叩いてセラピストに向かっていたずらそうに笑う，などということを行なった。

さらに日常生活の中でも，自分の病気に対する不安，不満などを母親に言語化するようになったり，友人に自分が音楽に「通っている」ことを自慢したり，また今まで引っ込み思案であった彼女が，父親と人前でダンスをして楽しんだり，というような変化が表れた。また，ピアノに興味をもち，セッションが終結する頃と同時に，音楽療法士による自宅ピアノレッスンを始めることができた。

6）音楽の治療的役割

ここでの音楽の治療的役割は，まず彼女の行動・言動などすべての現状を「受容し」「サポートする」ことから始まった。セルフ・エスティームや自信は，彼女の内的な核がしっかりすることから芽生えてくる，というセラピストの臨床的理論から，まず音楽によって「彼女の今を支える」「指示・

指導的な介入はしない」「自己イメージよりも，もっと大きい自分を体感する」ことを目指した。

　流動的な彼女の反応を支持するために即興音楽が有用であったが，時には予測のつかない音楽体験の中で不安感を表すこともあった。そのような際は，簡単なモチーフやフレーズを作成しそれを安定したリズムや低音部を伴った反復をロンド形式やテーマ／変奏形式で導入することで，安心感を提供しながら挑戦意欲を引き出すように試みた。

　認知機能が高いだけに，頭で考えて自分の行動を抑制してしまうことが多かった本児にとって，音楽的な感覚，特に感情を音で表現する感覚が自ら探索されたことは興味深いことであった。怖くなったらいつでも戻ってくることができる親しみのある音楽と，知らない世界に遠出して体験してみる音楽を行き来することによって，徐々に自分の内的な感情体験を広げ，それが自己イメージを拡充しセルフ・エスティームの向上に貢献したと思われる。

　本事例は，本人の難病という病気に対する治療ではなく，2次的症状である心理的な抑圧を解放することに重点を置いていた。音楽は，クライエントの「今」を受容しながらも，古い自己認識に縛られずに感情を解放させながら新しい自己体験を提供し，それを認識させていった役割を担ったといえるであろう。

2. コミュニケーション障害児に対する小集団音楽療法──即興音楽や音楽劇を使用したアプローチ

　ここでは，3名の未就学児童の小集団音楽療法セッションの概要と，特にその中での1人の表出言語障害児の事例を紹介する。

　1）対象者

　5〜6歳の児童3名（自閉傾向児1名，表出言語障害児1名，注意欠陥多動障害児1名）。

　2）集団の療法目的

　　①楽器や声を使っての自己表現・感情表現

　　②身体と感情のコントロールの向上

③社会的スキルの習得
3）主なプログラム
　　①身体運動を用いて，エネルギーを発散させコントロールを促す。使用する音楽は，既成曲を児童の動きに合わせてテンポやリズムを変えたり，臨床目的に沿った音楽を即興的に弾く。
　　②太鼓やメロディ楽器の即興を通して，自己表現を促す。クライエントのエネルギーレベルや音楽的反応に合わせて，セラピストがやりとりを促していく。
　　③既成の合奏曲を使って，他者を意識する，自分の役割を意識する，順番を待つ，という集団スキルを促し，着席行動を向上させる。
　　④音楽劇のドラマ性という要素を利用しながら，劇中の登場人物の役割を経験することを通してさまざまな感情体験を提供する。
4）集団療法としての治療結果
　　①それぞれの個性が，楽器活動を通して表現された。また，叫んだり，歌ったりすることを通して，日常生活においても声やことばを使ったコミュニケーションが増えてきた。
　　②日常での集団活動において，着席行動や順番を待つという社会的スキルが身に付いた。
　　③身体認知・空間認知が増し，日常の中でも，協応や左右の分化が向上した。
5）表出言語障害をもつ男児の治療経過

　下記は，このグループの表出言語障害をもつ男児1名に焦点を当てて，即興音楽と音楽劇を使用した心理療法的アプローチにおける変化を追った記述である。本児の表出言語に遅れがみられる症状は，機能的な原因ではなく心理的要因であることがセラピーの開始時に医療機関より報告されていた。詳細は参考文献7）を参照されたいが，セッションでの臨床的介入を紹介しながら，特に音楽療法における音楽劇の使用についての臨床効果を説明する。治療は2名のセラピストによって行なわれ，筆者はコセラピストを務めた。
　彼の臨床的なターニングポイントとなった音楽劇を導入した頃は，コーリ

ー（Corey, G.）[3]のいうセラピーの第2期（移行期－抵抗の時期）であった。この時期に見られる特徴的なメンバーの不安や抵抗，衝突，葛藤，そして本児のセラピストやコセラピストに対する挑戦，反発，支配欲などが明らかに行動に示されていた。また，1語文が出てきた第1期と違い，この時期には感情を表すような3語文からなる言語も表出していた。「抵抗」という行動は，自分自身の問題や深い感情などに触れることを拒否することから起きることが多く，彼の場合も，セラピストやコセラピストを困らせ，グループを支配したいという行動が折々に出てきていて，グループ活動そのものに抵抗を示してきた。

　セラピストとしては，彼のこのエネルギーを感じ受容しながらも，これを何か違った形で発散させ，より建設的な活動に変換していけるように試みた。たとえば，「僕は怒ってるんだ！」というような言語化に対して「怒っている太鼓の歌」という歌を即座に創り，太鼓を叩くことを通じて感情の発散を促し，生産的なエネルギーに変換させていくということを行なった。ここでの即興音楽は，大きな力強い不協和音を使用し，彼の怒りの感情を表すと同時に，彼のエネルギーを受け止めていった。また，彼は大人との距離を試している時期でもあったので，どこまで自分が受容されるのかということを，さまざまな抵抗の質を通して模索している状態であった。これに対して，われわれセラピストの課題は，彼のくるくる変わる言動や行動に惑わされないように，彼の本当の心のメッセージを読み取ることであった。特に，彼は自分の母親との二者関係に問題を抱えていて，女性セラピスト（もう1人は男性であった）に向けて，かなりの転移感情をもっていると見受けられた。

　そして，音楽劇を導入するに至るのであるが，ここでは『ジャックと豆の木』の物語を導入し，テーマや効果音などをセラピストが即興で付けながら，シンプルかつインパクトのある音楽劇を創作していった。登場人物の「（勝手に牛を豆に換えたジャックに対して）怒った母親」「神秘的な豆」「大きくなっていく木」「母親には怒られたが，実は良いことをしたジャック」などを通して，さまざまな感情体験を音・音楽の臨床的な役割と共に促進していくことを試みたのである。

物語は「むかしむかし，あるところにジャックという男の子がお母さんと住んでいました」というセラピストのナレーションから始まった。その際の音楽は，これから何が始まるのだろうと興味を抱かせるような暖かくも神秘的なものであった。メロディによる方向づけをしながらも全音音階の和声を使っていて，柔らかな音質とともに雰囲気を創りあげていった。
　その後，何度かのセッションの中でメンバー交代しながら，牛を豆に換えたことで「怒る母親」と「怒られるジャック」の両方を本児に演じさせることで，彼の母子関係の問題が浮き彫りになった場面がみられた。たとえば，彼が母親役の際，物語の会話の筋とは脈絡のない，普段本児の母親から言われていると推定される暴言が表出したり，また，ジャック役の他メンバーに向けて逆に優しく対応したりというような両極端な行動が，音楽とともにみられた。このときのセラピストの音楽は，彼が表現する怒りや慰めの感情をエネルギーに沿ったダイナミクスと和声でサポートし発散させながらも，それを彼が徐々にコントロールできるようにテンポとリズムとダイナミクスを調整していく形で提示された。
　また，彼がジャック役の時は，自らの母親に対する感情をコセラピストに転移した表現も多くみられた。たとえば，母親役のコセラピストに対し「You are no-one（君は誰でもない人）（註：このケースは海外で行なわれた）」と呼びかけ，存在を認めながらもわざと存在していないように取り扱うというような葛藤が現れたり，音楽表現の中でもエネルギーレベルは高く主張的だが，音の方向性はコセラピストに向かっていない鳴らし方をしたり，などというような表現が出ていたのである。コセラピストである筆者も，この挑戦的な本児の行動や言動に振り回され逆転移感情も起こったが，スーパービジョンなどで明確化させながら，肉声を使用して彼の葛藤を包み込んだり，ジャック役の彼の生気情動を同じレベルで楽器の音と共有したり，というような音楽的介入を試みながら，治療の展開に応用していった。
　また，他の子どもたちのセルフ・エスティームを向上させるために「どんどん大きくなっていく豆の木」の場面が音楽とともにサポートされた。このように，ただ読み聴かせられる物語ではなく，音楽劇という体験の中に身

を置くということを優先し，さまざまな感情体験を提示していった。さらに，天まで伸びた豆の木に登っていくさまを，自ら楽器で表現するという活動を導入し，それぞれのイメージを音に具現化させ，それを即興音楽でサポートしていった。

「豆の木の巨人をやっつける」場面では，本児の抑制されていた感情が打楽器を爆発的に叩くという行為で表されたので，彼のエネルギーレベルに対して音楽的に挑戦することによって，コントロールの利かなかった感情発散の手段を，より建設的な表現に変換するという作業を行なった。また，金の卵を持ち帰り母親に褒められる役を演じたときの彼は，とても嬉しそうで，また自信に満ちていた。このときも，この体験をより深くするためにしっかりと地に足がついたテンポと低音のオスティナートそして晴れやかなメロディの即興音楽が使われた。

6) 音楽の治療的役割

上記のように，特に言語による感情表現が困難な児童にとって，楽器や声によって自分の感情を表現することができる。そこに，感覚的な音楽という媒体が介入すれば，よりその手段がスムーズになり，感情の両極性を体験しながらその中庸をコントロールする力が生まれてくる。音楽のダイナミクスやテンポなどの要素は，その両極性を流動的に行き来しながら，子どもの感情に寄り添い，そして，ともにコントロールすることを学習させることができるのである。

また音楽劇は，現実と離れた安全な世界で，さまざまな登場人物の感情体験を促進することができる[1]。またグループの中で導入することによって，それぞれのメンバーのニーズを充足し，また役割交代をすることもグループプロセスの発展に貢献する。音楽劇の登場人物にあわせて即興される各モチーフは，音楽的なアイデンティティとともに役割意識をもたらし[5]，またそこで表現されるさまざまな感情を広げていく（変奏していく）きっかけとしてのテーマにもなる。

また，生で即興される音楽は，物語をその瞬間に体験している子どもたちの反応によって柔軟に対応していくことでその場の雰囲気をより豊かにし，

3. 児童対象の音楽療法におけるこれからの課題

　音楽を使った臨床現場では治療の媒体である音や音楽を，聴取的・能動的どちらかというような形態にとらわれず，本質的な治療媒体として臨床的に使いこなせる能力が必要とされる。これをセラピストの臨床的音楽能力というが，個々の児童の発達，病理の特徴，心理的状況，社会的状況などを考慮した上で，音楽の要素や形式の治療的機能を理解し，必要に応じて臨機応変かつ柔軟にそれらを使いこなすことが音楽療法士の専門性に繋がってくると思われる。

　また，音楽療法の多様性を把握するために，さまざまな理論的背景（行動主義的，ヒューマニスティック心理学的，精神力動的などの心理療法アプローチ）の理解，そして関連領域（グループプロセスやダイナミクス，発達・児童心理学など）における理論の理解，そして応用技法をできるだけ多く習得することも基本姿勢だといえよう。

　さらに，音楽療法士にはクライエントの「生々しい感情」に対処できる「生々しい音楽性」が問われ，音楽自体を治療の媒体の根源として存在させる能力，臨床的な決断による明確な意図と方向性をもった音・音楽を創造できる能力が必要とされる。そしてそのためには，音楽療法士自身の感性を訓練する「感性化トレーニング」[8]が必須であるといえよう。

　児童音楽療法領域において，何が「音楽」を治療の媒体とさせるのか，「音楽療法にしかできないこと」とは何なのか，という専門性を常に意識し，この療法における音楽の治療的役割を明確化していくことが，これからの音楽療法の発展にさらなる貢献をもたらすものと思われる。

引用文献

1) Aigen, K. (1991) Creative Fantasy, Music and Lyrical Improvisation With a Gifted

Acting-out Boy. Case Studies in Music Therapy (Bruscia, K., ed.), Barcelona, Gilsum, NH（酒井智華・よしだじゅんこ・岡崎香奈・古平孝子訳（2004）音楽療法ケーススタディ上巻　音楽之友社）
2) Bruscia, K. ed (1998) Dynamics of Music Psychotherapy. Barcelona, Gilsum, NH
3) Corey, G. (1990) Theory of Practice of Group Counselling. Brooks/Coles, California
4) 村井靖児ほか（1998）わが国の音楽療法の実態に関する研究　厚生科学研究費補助金障害保健福祉総合研究事業
5) Nordoff, P., Robbins, C. (1971) Music Therapy in Special Education. MMB Music, Inc., St. Louis, MO（林庸二監訳／望月薫・岡崎香奈訳（1998）障害児教育におけるグループ音楽療法　人間と歴史社
6) 岡崎香奈（2001）児童対象の音楽療法―医療現場での臨床　新しい音楽療法―実践現場よりの提言（日野原重明監／篠田知璋ほか著）　音楽之友社
7) 岡崎香奈（1995）発達障害児の小集団音楽療法―そのグループプロセスについて―　音楽療法研究年報 24 号
8) 岡崎香奈（2000）音楽療法士養成教育における感性化トレーニングについて　音楽療法研究第 5 号

第5章　自閉症児の音楽療法

長浦まゆみ

はじめに

　自閉症児と向き合っていると，十人十色の個性を前に，文字どおり試行錯誤の毎日である。筆者は日頃，MGW研究所（所長：都築裕治）および個人にて，情緒・発達障害の子どもや青年の音楽療法に携わっているが，今回は，特に自閉症児の発達援助における音楽療法について，具体例を盛り込みつつまとめてみた。微力ながら，子どもたちと向き合うためのいくばくかの手がかりを，ここで提示できればと願っている。

1. 自閉症児のための目標設定

　音楽療法の実践には目標が必要である。自閉症児のためのセッションを発達援助の視点で行なうなら，たとえば，次のようなステップで子どもたちを導くことになるだろう。
　1）人への気づき
　　人の存在に気づかせ，関心をもたせる。
　2）人との関わり
　　人と関わることの心地よさを伝え，安心できる場を提供する。
　3）人とのやり取り
　　手遊びや音遊びを用い，やり取りを促す。
　4）人とともに楽しむ

音遊びや合奏,ダンス等の活動を通じ,協調性を身に付けさせる。
5) 人に意志を伝える
演奏や合奏を通して意志伝達や自己表現のすべを身に付けさせる。
さて,これらの目標は,対象児の正しい把握の上に成り立つものである。次に現場での子どもの様子について考えてみよう。

2. よく見られる行動と,働きかけの実際

自閉症児の示すさまざまな行動は,しばしば私たちを戸惑わせるが,これらは対象児との関わり方を示唆する貴重な手がかりでもある。見かけ上は同じでも,個々に背景の違うケースに対し,治療者は臨機応変な対応を要求される。次に,いくつかの実例を項目にまとめてみた。

1. 叫ぶ,泣く,怒る,パニック等

われわれが最も対応に苦慮することの多いパニックであるが,慌てずに子どもの状態をよく観察し,無理な介入を避けて興奮が収まるのを待つのが望ましい。離れた所から音や声による働きかけを試みてもよいが,それさえ受けつけないこともある。治療者自身が,落ち着いた態度で接することが大切である。

例1:セッション前に何かで機嫌を損ね,泣きながら入室。対象児自身が頭でわかっていることができず苦しんでいるようにもみえる。無理に定位置に着かせず,寝転んで泣いているその場所で,お気に入りの手遊び歌を静かに試み,笑顔が出た頃合いをみて席へ誘導。

例2:グループセッションの輪に入れずに泣いている子ども。無理強いせず落ちつく場所に居させ,音質,音量とも刺激の強すぎない音を用いながらセッションを進めると,泣きながらも視線を向けてくる。注視も1つの参加方法だが,抵抗がなさそうなら対象児がそのままの場所で参加できるような活動を工夫し,馴染んでくれば集団に招き入れる。

例3:大はしゃぎで喜んでいたのに,唐突に怒り出したり泣きながら頭を

壁に打ちつけたりする子ども。喜ぶからといって同じ遊びを続けていると，言葉にできぬ疲れや不満をこのような自傷行為で示してくる事例もあり，保護者から情報を得ることも大切である。活動のスパンを縮め，はしゃいだ後は興奮を静めた状態でセッションを終えられるよう考慮する。

2. 自己刺激や常同行動，こだわり

特定の物や行動に耽溺する子どもには，物事への関心を広げさせ，こだわりを軽くさせたいが，そのこだわりが心細い本人の拠りどころである場合，まずは受容的な態度で接することも必要であろう。対象児のこだわりを利用した遊びを考えたり，そこに変化を加え新しい刺激を与えたりしながら，徐々に他の遊びや周囲の物事にも関心が向けられるよう導いていきたい。

例1：鈴やマラカスを渡すと，高く捧げ持ってひらひらさせたり，その姿勢でくるくる回ったりするのが好きな子どもの，初期のセッション。静止させれば止まるが，その表情に先の遊びの時の輝きはない。相手の動きを模倣し，治療者も歌いつつ回転してみせると，それを眺めて笑う。そして自らも再び回り出し，治療者の存在を意識しながら遊ぶ。

例2：キーボードやピアノが大好きだが，弾きながら無表情になり，繰り返し弾きが止まらなくなる子ども。行為に耽溺した状態で，話しかけても反応がない。傍で演奏を聴いたり一緒に歌ったりした後，フレーズの切れ目を見計らい，何気なく曲についての質問をすると，はっとした様子で応えてきた。それでも止められない時は，区切りの良いところで，そっと弾く手をすくうなどして機械的に止め，同時に声をかけてみる。禁止の言葉ではなく，〈○○しようか？〉のように前向きな言葉の方が，反応は良いようだ。治療者に馴染み，セッション時のけじめもある程度ついているこの子どもは，おおむね抵抗を示すことなく，むしろ目覚めたというような表情になって，治療者とのやり取りに戻ってくる。

3. 活動に集中できない

子どもたちはセッション中によく席を立つ。その中には，場に馴染めず治

療者の存在にも気付けない者もいれば，活動の見通しのきかなさに戸惑っている者，周囲の反応欲しさにふざけている者もいよう。たとえ，いたずらでも，視線が明らかにこちらに向けられ，子どもらしい笑顔が期待に輝いているなら，それに応えるべき時期もあるのではないだろうか。

例1：遊び歌で誘いつつ，治療者が差し出したタンバリンを叩かせる活動（楽譜1，図1参照）。対象児は笑顔で叩くが持続せず，すぐにこだわり遊びの床触りを始める。そこで，誘う間もタンバリンを振って音を出し，身振りや表情に工夫すると，対象児の課題に対する集中が増してきた。気持ちが自然に向けられる活動ならば，独り遊びは徐々に減り，子どもは新しい遊びを持続して楽しむ力を得る。

例2：すぐ床に寝転び，ぐにゃぐにゃしたり治療者の膝に足を乗せたりする低年齢の子ども。体軸が弱く，同じ姿勢を長く保てない。寝転んだところでそのまま転がし，「焼き芋ゴロゴロ」のわらべ歌に合わせて母親との間をキャッチボールの要領で行き来させてみる。受け取るたびに，くすぐって喜ばせると，自ら転がり始める。立って歩くようなら，ダンス遊び（図2参照）に誘導してみる。足を治療者の膝に乗せても，その姿勢が落ちつくのなら，当初はそれでもよいのではないだろうか。

作詞・作曲　都築裕治

たいこを ポン　みんなで ポン　そろって ランラン　いいおと ポン

楽譜1　「太鼓をポン」

図1　太鼓（タンバリン）の追いかけっこ

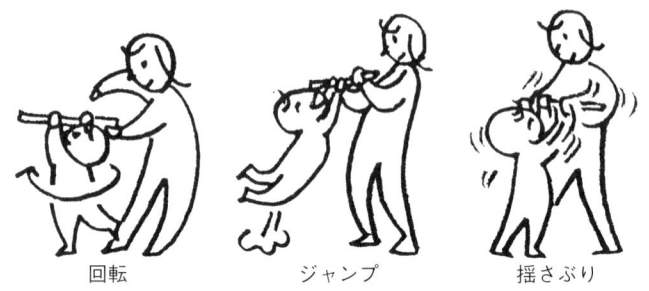

　　　　　回転　　　　　　　ジャンプ　　　　　揺さぶり
　　　　図2　ポールでのダンス遊び（わらべ歌等に合わせて）

4. リズム，拍子が取れない

　セッションは，音楽技能の向上を目するものではない。できないことにとらわれず，現在できることを活かしながら目標に向かえる活動を常に工夫したい。太鼓や打楽器を渡すと連打や不規則打ちをする子どもは多いが，各々の事情により対応もさまざまに考えられるだろう。

ボタンを押しながらピックで弦をはじくと，自動的に和音が演奏できる
図3　オートハープ

　例1：ドラムスが好きな子ども。リズムはでたらめだが楽しげに叩く。好きな童謡やマーチをピアノで弾いて治療者の存在に気づかせ，速度の変化や突然のストップなど，音におかしみを与えながらやり取りを進める。

　例2：同じくドラムスが好きで，かつ曲の盛り上がりや節目が理解できる子ども。拍子が取れず一見でたらめな叩き方だが，テレビで見た奏者の様子を真似て，フレーズ間の連打やアクセントのシンバルを上手に表現する。ピアノを弾く治療者と，楽曲のクライマックスで息が合うたびに，顔を見合わせ笑いあう。

　例3：オートハープ（図3参照）が得意な子ども。弦のはじきが大変強く，不安定でせわしない弾き方をするが，既成曲の再現が好きなので，選曲を工夫する。たとえば，ビバルディ（Vivaldi, A.）の「春」の冒頭部分を，拍打

ちと明確な強弱を強調させつつピアノで弾くと，喜んで合わせ始め，徐々にコントロールの利いた演奏ができるようになった。

5. 治療者の介入を拒む

例1：キーボードを滅茶苦茶に叩く子ども。治療者が同じ鍵盤上で音を出そうとすると，嫌がって押しのける。キーボードは対象児に任せ，ピアノや他の楽器で即興的に合わせると，治療者の顔を見たり，息の合うところでくすくす笑ったりする。ただし，このような反応もなく完全な独り遊びに耽ってしまった時には，他の活動へと誘う必要も考えられるであろう（前項2. の例2を参照）。

例2：既知の旋律を鍵盤上で再現しようと夢中になる高学年の子ども。伴奏をつけようとすると治療者の手をはらい，「独りで」と言葉で言うこともある。そのまま弾かせていると治療者の存在をも忘れてしまいそうだが，暫く我慢して観察。すると途中で分からなくなり，手が止まる。そっと正しいキーを指さしていくと，それを見つつ弾き始め，行き詰まるたびに自分から「次は？」と助けを求めるようになった。その後は，毎回ある程度満足すれば，こちらが伴奏を加えても疎まず，むしろ伴奏に乗って弾きながら，顔つきや体全体で楽しそうに音楽を表現している。

このケースでは，無理な介入を控え，行き詰まった時点での指差しという介助を与えたことによって，対象児は治療者の存在を受け入れつつ達成感を得，最後には合奏の楽しさをも味わえたのではないだろうか。

6. その他

上記以外の行動についても，ケースにより意味するところはさまざまに仮定されるため，同様に個々に合わせた対応が必要であろう。

1) 耳塞ぎ

　知覚過敏に基づく防衛手段として，自己刺激的な遊びとして，など。

2) 走り回る，じっとしていない

　パニックや抵抗，落ち着く場所がない，機能的に同一姿勢が苦痛，喜び

の表現，など．

3) 横向きに座る，横目や藪睨みで見る

　機能的理由によるもの，自己刺激の遊びとして，活動に魅力を感じていない，など．

4) 一方的なお喋り

　常同行為のお喋り，人に向けられつつもこだわりに基づいた反復的なお喋り，など．

5) すぐ課題に飽きてしまう

　済んだことは繰り返せない性質，課題自体が不適切で魅力を感じていない，など．

さて，療育の目的や子どもの行動の捉え方，対処の仕方について，項目に分けて例示してきたが，後半では1つの事例を通じ，目標やプログラムの立て方，そして対象児とのやり取りの実際について述べていきたい．

3. 事　例──高度な音楽能力をもったA君

1. 本例を選んだ理由

筆者のもつケースには，「好きな音楽を生かしてやりたい」という保護者の希望で連れて来られる子どもが多い．中には大変優れた技能をもつ者もいるが，療育的観点より彼らをみると，また別の姿が浮き彫りにされ，そこに音楽療法を実践する意義が生まれる．

この事例は，高度な能力をもった子どもの特殊な例ではあるが，自閉症児に共通な問題を示すとともに，音楽そのものがこだわりの対象である子どもと向き合った，わかりやすい事例でもあるので，実践風景や対象児の変化を追いながら紹介していきたい．

2. 対象児について

男児　診断名：自閉症　現在14歳（治療者によるセッションは9歳の時に開始）．

3. セッション開始時の様子

A君は8歳よりMGW研究所に通い,月1回のグループセッションと2回の個人セッションを受けてきた。治療者が個別担当し始めた頃はすでに会話も成り立ち,並み外れて音楽好きな子どもだった。しかし,けじめなく続く彼の演奏は独り善がりで激しく,母親によれば,実生活の中でもわがままが強くてなかなか周囲に合わせられないということであった。

4. 経　過

第1期（1997年5月～1998年3月）

当時のA君は,オートハープで即興的に高度な和声を付ける能力があるのに,ハンドドラムを1回ずつ叩くような単純な課題には応じられず,常に激しく連打していた。また,グループセッションで自由に演奏できないと,床に寝転んでしまうという姿も目にした。そして,しまいには,グループを嫌がり欠席し始めたのである。欲求を抑えて人に合わせることにつまづいているA君のために,治療者は次のような目標を立て,取り組みを始めた。

①音楽遊びへの欲求を満足させる。
②約束を作り,守れるようにする。

セッションは,既成曲の合奏を中心に進めていった。子どもはオートハープにキーボード類,ドラムスを,治療者は主にピアノを用い,即興で合わせていく。単純な表現に飽き足らぬA君は,細かく複雑な和声を付け,短調の曲は長和音で終わらせ,1つの曲をさまざまに転調させて遊ぶ。そして,転調の瞬間の高揚感を満面の笑みで返すなど,思い通りの音の実現が愉快でたまらない様子であった。

この頃,彼はキーボード類が大好きなのに,常に2本指だけでもどかしそうに弾いていた。そこで試しに,指番号を示す手の図と音符に番号をふった楽譜を用意すると,彼はちらりと眺め,早速5指で弾こうとし始めた。ただ,慣れない指遣いは疲れるようだったので,この練習は毎回少しずつに留めた。

A君はドラムスも好きだが,演奏は乱暴でリズムもでたらめに近かった。

そこで，1小節単位の易しいリズム譜のカードを作り，トランプ式に引かせると，彼は大変喜んだ。任意に組み合わせては叩く遊びが気に入り，4小節ほどなら落ち着いて叩けるようになった。

さらに，治療者は，A君とともにセッションのプログラム作りをしてみた。そして，同じ曲でも自由に弾ける「個別バージョン」と制約された「グループバージョン」を設定し，後者を最低1回は正しく弾く約束にすると，彼は単純な表現を拒まず，ゲームを楽しむように実行できるようになった。

第2期（1998年4月～2000年4月）

A君は小学校高学年になり，ひょろりとした風貌にも少年らしい活力を滲ませるようになった。母親によれば，彼はセッション中が最も生き生きしているそうであった。学校の様子や授業で得た知識などを唐突に語ることがあり，漂う学童らしさが微笑ましかった。

さて，行動にけじめが出始め，治療者との合奏も楽しめる彼だったが，場をわきまえずに好きな曲を弾き出す癖は相変わらず残っていた。また，リズムカードで上達を見せたドラムスも，いざ曲の合奏となると元の木阿弥で，彼の演奏は結局，乱打に終わるのである。この時期の目標は次のように立ててみた。

①演奏表現の幅を広げる
②他者に合わせる

A君にはいつも，そこに楽器があればどうしても弾きたくなってしまう，お気に入りの曲がある。そこで，セッション中1回だけはそれを弾いてもよい約束を作り，必ず確認してからセッションに入るようにした。繰り返し弾こうとするたび，根気よく約束の話をすると，その都度納得をするようであった。

この時期，彼はいつの間にか，音楽の教科書や流行歌の楽譜をセッションに持ってくるようになった。一緒に演奏しようという意志を感じたので，これらについては必ずセッションの課題曲目に入れるようにした。

また，治療者側から新しい曲を提示する時は，和音好きな彼の興味に合わ

せ，コードネームのみを示した表を用意してオートハープで弾かせると，A君はニコニコ笑って曲名を当て，嬉しそうに自分で題名を記し，治療者に作曲者名を尋ねてはそれも書き込んでいた。

　こうして双方が持ち寄った曲を素材に，合奏を続けた。A君の演奏は独特で，主旋律の他，和音や対旋律のみを即興的に弾いたり，二声を同時に弾いたりもする。だが，途中で失敗すると最初から弾き直さねば気が済まず，部分練習は拒むことが多かった。

　彼は，ドラムスを叩く際にもピアノに対し「変ト長調で」などの注文をする。しかし，治療者がそれに答えても，叩き出される音が不規則で激しすぎ，肝心のピアノはすぐに無視されてしまうのである。

　彼の叩き方を見て，プロのドラマーの動作を真似ていると感じた治療者は，彼にモデル演奏を見せて，マーチやロック，スウィングの簡単な叩き方を憶えてもらうことにした。同じリズム型を長く繰り返すのが不得手だった彼は，動作を強調した演奏モデルと，こちらがピアノを弾きつつ送る合図によって，少しずつ落ち着いて叩けるようになっていった。

　ある時，A君が得意とする旋律の変奏を他者との合奏に生かそうと考えた治療者は，パッヘルベル（Pachelbel, J.）の「カノン」を素材に即興演奏を試みた。治療者がゆったりピアノを弾き出すと，彼も喜んでキーボードで合わせてきた。曲想の変化にも敏感で，治療者が終盤で速度を落すと彼も動きの静かな旋律を弾き，一緒に息の合った終止を迎えることができた。

第3期（2000年5月～2002年3月）
　中学生になったA君は，姿勢が安定し落ち着きを増したが，日によっては，ひどく興奮気味な独語が続き，「ウゥン」と喉をしゃくる音声チックが止まらないこともあった。母親によれば，学校でのさまざまな状況変化が，彼には何かとストレスになっているようであった。

　治療者は，学校生活の中で周囲に合わせるために苦労している彼が，セッションの間は好きな音楽を通じ，他者に合わせることを楽しめればと思った。彼自身の表現欲を生かしつつ，言葉の交換を含む，より円滑な人との交流を

図ろうと，次のような目標を立てた。

①人とともに音楽を楽しむ

②人との関わりを楽しむ

　手始めに，A君の創作力を用いた新しいやり取り遊びとして，旋律のリレーを試みる。鉄琴を挟んで向き合い，2人で即興的に旋律を叩き繋いでいくのである。治療者が叩いた短い旋律に，彼は難なく続きを返してきた。この遊びに名前を付けようともちかけると，「ダブルごっこ」と即座に答えた。

　この遊びの何回目かで，治療者が叩いた終止形の旋律に対し，彼は粋でおどけた終止の旋律を付け足してきた。これが自分でも気に入ってしまったようで，治療者とともに何度もこの部分を繰り返しては笑っていた。

　ある時，グループ用の曲をA君と合奏しながら，治療者は短いその曲を繰り返すついでに，半音高く移調して彼を挑発してみた。その後も更に半音ずつ上げながら繰り返すと，音楽は否応無く高揚感を増したので，ドラムスを叩いていた彼は笑い出し，「速くして」とリクエストしてきた。われわれは更に速く，更に高く興奮しながら演奏した末，息を合わせて派手な終結を迎えた。直後に「指揮棒が降りた！」と叫んだ彼は，オーケストラが最強音で終止した場面を想像したようだった。

　A君との会話は，時には音楽に詳しい健常児と話しているようですらある。

　治療者〈こんなのどうかな？〉（ベートーベン（Beethoven, L. v.）のソナタ「悲愴」の冒頭を弾く。A君は減3和音が大好き）。

　A（笑う）。

　治療者〈ほーら出たよ。あっ，また！〉（減3和音を強調させ，大袈裟におどけて弾く）。

　A（面白がって笑いつつ）「ベートーベンは減3和音が好きでしたか？」。

　その後もA君は，「悲愴弾いて」とリクエストしてみたり，わざと変な和音を付けては「ベートーベン怒る？」などとふざけたりしている。会話や音遣いのちょっとした可笑しみで，セッションの雰囲気が和らぎ，互いの交流が深まるのを実感した一場面である。

　このような交流を経た後のある日，治療者は興味深い場面を見ることにな

った。グループセッションが始まる前に，居合わせた他児がピアノを弾くのを見たA君は，自らドラムス席に座り，他児を見ながら叩き始めたのである。そして演奏が終わると，他児の所へやってきて，その曲名を尋ねたのだった。

5. 考　察

響きの中に耽溺しては激しい音をかき鳴らしていたA君は，第1期において，一緒に合奏しながら満足できる治療者の存在を受け入れ，制約をゲームのように楽しめるようになった。そして第2期においてはグループセッションでも我慢がきくようになり，少しずつだが落ち着いた演奏も可能になった。

第3期では，さまざまな話題による会話を楽しみ，時には自ら他児と交流し，創作曲作りの呼びかけにも応じるなど，彼の態度には更に柔軟性が増してきた。

現在のA君は，合奏と会話の双方において，かなり周囲に合わせられるようになっている。難しかった部分練習や曲途中での中止もすんなり受け入れられる。母親によれば，普段の生活でもわがままが減り，人の様子を見ながら行動できるようになってきたそうである。

とはいえ，A君のセッション時の抑制には，未だ治療者の言い聞かせが効いていることは否めない。また，現在チックは収まっているものの，薬を使用しているとのことで，彼のストレスが実際に軽減されたのか否かは定かではない。療育が真に効果を表すべき場所は実生活であることを改めて思い起こし，実践には常に謙虚な姿勢で当たりたい。

まとめ

ある子どもが，ある日お気に入りの遊びを嫌がり，筆者との接触すら拒みはじめた。筆者は離れた所でピアノを静かに弾いてみた。子どもの名前を繰り返し歌い，ふと音を止めると，彼は無音の穴埋めをすべく手を振るわせた（楽譜2参照）。しばらく繰り返すと今度は壁を軽く叩きはじめ，それから

置いてあったキーボードの鍵盤を叩きだした。

　筆者はギターに持ち替え，子どもの側で呼応したリズムを鳴らすと，彼は時々こちらを見上げながらキーボードを叩き続け，そして笑った。音楽のもつ非言語的な伝達機能が，このような形でわれわれと自閉症児らとの交流を可能にさせる時，われわれは音のもつ力や音楽療法の有効性を改めて実感する。

　ところで筆者は，事例のA君になぜ減3和音が好きなのか尋ねたことがある。彼は「悲しいからです！」と面白そうに笑って答えた。彼の「悲しい」は一体どんな感触のものなのか，正直なところ想像し難い。たとえ音楽を通じ交流がもてたとしても，われわれが音楽に寄せるような感情を，そのまま彼らに当てはめて解釈してはならないことを，このA君の「笑い」は示しているのではないだろうか。

　自閉症児の音楽療法について述べてきたが，最後にもう一度，要点を整理してみよう。

楽譜2

1. 子ども達と接するためには
(1) 対象児の状況を正しく把握する
　子どもの知的発達レベル，音楽の把握の仕方（音への嗜好性，何に反応するのか，音色，テンポ，強弱，楽器，固有の曲，等々），こだわりやパニックの対象，集中力の持続時間など，さまざまな情報をよく見極める必要がある。
(2) 交流の糸口を探し，利用する
　子どもの嗜好や能力，こだわりの対象等を知り，彼らと一緒に遊べる課題を工夫する。

2. 実践にあたっては
　個々の状態，能力や嗜好を考慮しながらセッションの目標を立て，結果を常に検証しつつ次へと進めていく。

3. 音楽を治療行為に用いるためには
(1) 相手に合わせた音を用いる
　対象児ごとの嗜好，音楽の理解のし方，またその時々の息遣い，動きのテンポやリズムに合わせ，即興曲，既成曲に関わらず臨機応変な音遣いが必要である（＝即興性）。
(2) 自分の感性を安易に子どもに重ねない
　楽しい曲，美しい音色等の観念は，相手の感性を無視する危険をはらむ。治療者は，自らの音楽への思い入れを乗り越え，個々の子どもの感じ方や流儀を尊重する必要がある。
　これらを念頭に治療者としての客観的視点を保ちながら，かつ偽りなき喜びをもって，子どもたちと笑い合えるようでありたいと思う。

参考文献
1) アルバン, J. 著／山松質文・堀真一郎訳（1982）自閉症児のための音楽療法　音楽之友社

2) 松井紀和（1980）音楽療法の手引　牧野出版
3) 松井紀和編著（1995）音楽療法の実際　牧野出版
4) 松井紀和（1996）発達障害と音楽療法　音楽療法研究　音楽之友社
5) 山松質文（1996）自閉症児とのふれあい　音楽療法研究　音楽之友社
6) 都築裕治（1997）自閉症児に対する手の操作を通した歌遊び，太鼓叩き等によるコミュニケーションへの働きかけ　音楽療法研究第2号

第6章 重症心身障害児への音楽療法

西巻　靖和

1. 重症心身障害児について

(1) 重症心身障害児とは

さまざまな状態像をもつ障害児の中でも，重度の知的障害と身体障害を併せもつ子どもを，主に医療，福祉領域では「重症心身障害児」（以下重症児と略す）と呼んでいる。現在，その分類については大島の分類（図1）が用いられることが多い。具体的な状態像とすれば知的障害はIQ35以下であり，身体の変形・拘縮などによる高度の運動障害を併せもつ。

(2) 感覚器系

外界からの情報を受容する感覚器系は初期段階である，前庭覚（揺らし），固有覚（筋肉・関節への刺激），触覚（触る・触られる）などの近接知覚感覚段階に留まっている子どもが多く，外界との関係性を発展させ，より発達を高めていくために重要な，高い能動性をもつ聴覚（聴く），視覚（視る）などの遠知覚感覚の活用が困難な子どもが多い。また，生理学的にも感覚器系の疾患を併発する子も少なくない。

(3) 運動表出系

外界への実践的行為を主

21	22	23	24	25	IQ 80
20	13	14	15	16	70
19	12	7	8	9	50
18	11	6	3	4	35
17	10	5	2	1	20
走れる	歩ける	歩行障害	すわれる	寝たきり	0

重症児の定義は1～4の区分，重症児周辺児は5～9の区分。大島一良（1971）[1]より改編

図1　大島の分類

に担う手指機能も操作性に乏しく,身体各部位の運動表出についても,刺激に対する運動を伴った反応は微弱である。

(4) 対象関係（自我機能の一側面を表す精神分析学的概念[2)]）

人が母子共生から心理的誕生を経て,外界の対象と積極的で安定した関係を発展させながら,独立した個体として歩み出す,分離－個体化路線（マーラー Mahler, M. S, 1981）[3)] における対象関係の発達段階で重症児をみると,正常な自閉期～第2下位段階練習期の初期練習期の頃（表1）までの子どもが多いと思われる。

(5) コミュニケーション

言語的な交流は困難であり,原初的,前言語的コミュニケーションが大半を占めるが,情動表出も微弱な子が多い。

2. 重症心身障害児への音楽療法

前述したように重症児とのかかわりでは,感覚器系では初期感覚を介した受動的活動,運動表出系は統制された随意的な活動が希薄な段階が多く,ガイドなどでセラピストが援助することもある。対象関係的には共生期段階における愛着的な情緒交流を通し,主に非言語性のコミュニケーション（non-verbal communication）が課題となる。

この状態像に対し,重症児の治療・療育における音楽を用いたかかわりを検討すると,感覚器系について,宇佐川浩[5)]は「音・音楽は聴くというだけでなく,音のもつ響きを触覚や固有感覚を通して感じとっていくという点も,重要な役割を果たすのである」と述べており,初期感覚段階の子どもに対する音楽の役割を述べている。また,対象関係について,マーラー[3)]は共生期段階のかかわりとして「話しかけ歌いかけで共生は最高のものとなる」としている。さらに,松井紀和[6)]もこの発達段階の対象へ音楽的な刺激を与えることによって「対象関係の面から考えると,安全な欲求充足対象としての母親が,少しずつでき始める前駆期としての意味をもっていることになる」といっており,歌いかけなど,音楽の抱擁するような温かな情緒性

第6章 重症心身障害児への音楽療法

表1 マーラーの発達段階（正常な自閉期～共生期～分離個体化期）

発達年齢	発達区分		各時期の特徴
0～2カ月	正常な自閉期	新生児期	身体の状態を一定に保っておこうとする生体恒常性が唯一の課題で、内部知覚が優位、自己と対象が未分化。条件的幻覚的全能感の段階。行動も反射が主体である。
		後期	生後2～3週間後から母親（外部刺激）をぼんやりと認知し始め、一時的な静止、中止が見られる。
2～6カ月	共生期		欲求充足対象（母親など）がぼんやりと認知される。母子単一体（共生球）が形成。全能感に満ち、接触知覚的な受容を通して乳児が知覚的情緒的関心を増加させていく。3カ月の無差別微笑（スピッツ）の発生。基本的信頼感（フロイド）の形成が課題となる。
6～9カ月	分離個体化期	第1下位段階 分化期	孵化（共生期からの心理的誕生）を始める。母親が異なる存在意識（分化）と初期の自己像（身体像）が形成される。遠隔知覚感覚が少しずつ使用されるようになる。移行対象と移行現象（スピッツ）や照合様式に戻り身体接触し、情動的補給を行う。
9～15カ月		第2下位段階 練習期	①初期練習期 初期練習期〈9～10 (12)カ月〉。運動能力が発達し、這う。つかまり立ちなどができるようになる。母親を遠隔知覚感覚で知覚し、認識する。母親と最適な隔たりを保ち、探索をする。時々母親の元に戻り身体接触し、情動的補給（フラー）を行う。
			②本来の練習期 本来の練習期〈10 (12)～16 (18)カ月〉。直立歩行が可能となり、夢中になって運動や生活技能を練習する。基地としての母親の存在は大きく、離れることもできるが、すぐに戻ってくる距離しか離れない。直立歩行。手の操作。言語が課題となる。
15 (20)～24カ月+α		第3下位段階 再接近期	分離は確立、個体化も充実。移動能力も向上し、この時期初めて子どもから遠く離れるが今一度めて接近する時期。それの解決と母親との適切な距離を取ることが課題となる。母親基地に甘える行動が窺える。分離不安が呑み込まれやに見捨てられ不安が子どもに起こる可能性がある。
24～36カ月		第4下位段階 個体化の発生と対象恒常性の始まり	分離不安を克服し、生活技能が身につき、対象恒常性のある程度の完成で安定した対象関係を持ち始める。言語、認知が発達しコミュニケーション機能も向上する。複雑な因果関係の理解もできるようになる。衝動の調節や自立的行動が求められ、さまざまな葛藤も起こる。

マーラー[3]、松井[4]を参考に作成

が共生的意味をもち，子どもの快反応や身体運動を惹きだすことができるとしている。また，松井は音楽の治療的特性について，「音楽は知的過程を通らずに，直接情動に働きかける」や「音楽は身体的な運動を誘発する」，また「音楽は communication である」等としている。

つまり，音・音楽は近接知覚感覚との関連も深いことから，その発達段階にある重症児へのかかわりにも重要な意味があるといえる。また，対象関係面でも，音楽は彼らが安全感（サリバン Sullivan, H. S.）をもち，外界の対象と安定した関係性を発展させていくためにも重要な要素といえる。また，言語中枢などの知的論理的な脳の部位に関与することなく，直接感情中枢に影響するので，運動を惹起させたり，重篤な発達障害を呈する重症児との原初的，前言語的なかかわりにおいても適用が期待できる。そして，これら音楽の治療的要素が意図的に活用されることで，重症児の治療や療育，そしてコミュニケーションの可能性が拡がるのである。

3. 重症心身障害児に対する音楽療法の実際（実践的取り組み）

これまで述べてきた重症児の状態像や特性，それに対する音楽療法の意義を踏まえ，筆者が小児科の重症児病棟にて，実践したセッションの具体例を通して，音・音楽を用いた重症児の発達支援とコミュニケーションの促進について検討していく。ここで取り上げた実践事例は，音楽療法 JMT Vol.11[7] に発表した報告を土台に加筆修正したものである。

本事例は視覚・聴覚の二重障害を呈する重症児へのアプローチである。ここで報告するのは，本児に対し音・音楽を用いながら，感覚器官の受容拡大，高次化を図りながら能動性や関係性を発展させたセッションである。

1. **事例** ： 重篤な感覚障害を重複する重症心身障害児への取り組み
1) 男児：入院時 2 歳 5 カ月
2) 診断名：慢性肺疾患，脳室周囲白質軟化症，重度知的障害，両側性難聴，未熟児網膜症

3) 生育歴（既往歴）
　①胎生期：母親が不妊症の為，胎外受精を施行し，四胎から双胎へ減数。
　②出生時：在胎24週1日に胎児仮死徴候が認められ，分娩となり，双胎の第一子として564gで出生した。出生後，新生児集中治療室（NICU）にて経過観察されていた。
　③乳幼児期：重篤な未熟児網膜症のため両側の硝子体手術を施行された。慢性肺疾患の急性憎悪を認め，NICUに再々入院となる。在宅酸素療法を行ないながら自宅で過ごすが，母親の出産のため，2歳5カ月で当院に入院となる。
4) 入院当初の様子
　①視聴覚機能：視覚障害については未熟児網膜症と診断されており，視覚機能の今後の改善は難しいとの見解があった。聴覚障害としては，両側性難聴の診断が出されているが，ABR（聴性脳幹反応）検査で両側共に100dBの聴力損失が認められており，その後何回か検査されるが　脳波に異常が認められているため，ABR単独での評価が難しいとの見解であった。当院への入院当初，臨床的には音に対して，時々わずかではあるが身体の動きを静止する反応が認められていた。
　②発達状況：知的障害は重度であり，言語発達は知的障害と併せ聴力障害もあるためか遅延していた。不快の表情は表出でき，揺らしや身体に触れてあやされたり，タッチングなどに嗜好性が高く，笑顔と推察される快反応を示していた。自己刺激行動と思われるもので，軽く手で顔を叩く行動や，物や手を口にもっていく口唇期様の行動，首ふりや四肢をばたつかせる行動も観察された。入院当初は，原始反射としての吸綴反射，把握反射は認められたが，瞬目反射は視覚障害も呈するためか認められなかった。姿勢は定頚をほぼ認め，寝返りはうてるものの，座位への変換はできなかった。
5) 発達検査（表2）
　遠城寺式乳幼児分析的発達検査法によると，前述した大島の分類の「1」に属すと推察され，全体的に重篤な発達障害を呈しているといえる。姿勢，

表2　遠城寺式乳幼児分析的発達検査法（九州大学）

移　　　動		社　会　性		言　　　語	
移動運動	手の運動	基本的習慣	対人関係	発　　語	言語理解
0：6	0：7	0：4	0：5	0：5	0：3

単位：歳カ月　検査時年齢：入院時2歳5カ月

移動などは寝返りや自力座位は依然未熟である。手指機能は，把握し，振ることはできる。対象関係は共生期段階といえる。発語は喃語程度である。

2. 事例の課題

　視聴覚に医学的な疾患をもつ状況は，音楽などの，より高次な愛着的刺激の受容や，外界を捉えていく経路を遮断され，閉鎖的傾向である状況と考えられる。また手を使った外界探索や対象操作などの，能動的感覚活動が発達する上でも支障があるといえた。

　日常的にベッド上で手足をばたつかせる活動は，初期の身体像の形成や固有感覚の受容の活動と思われた。聴覚反応は，電気生理学的他覚的検査であるABR検査で，両側ともに高度の聴力損失が認められているが，ABR単独での評価の困難性が指摘されている。臨床的には聴覚的定位反応は観察されている。定位反射（反応）（Orienting Reflex）とは，ソコーロフ（Sokolov, E. N.）[8]によれば新奇な刺激が生体に作用した際に最初に生起するもので，脳の興奮性を高め末梢受容器の感受性を高めることによって，より適切な知覚を保障するよう機能するものであるとされ，川住隆一[9]はこの反射を「外界に対する能動的な探索行動の出発点」とし，重症児の発達を促す上で注目すべき反射であるとしている。

　また，川住は，聴覚検査で使用する「純音」と比較し，重症児などにおいては，人声や楽器音など「社会音」の反応の優位性や重要性を示唆している。このことからも日常的には聴覚反応が認められている本児には，残存聴覚があると推察し，音楽療法の対象になると判断した。

3. セッションの視点

筆者が重症児とかかわる際，まず注目することは松井[6]のいう外界からのさまざまな刺激を避けたり，入れたりコントロールする機能を果たす，「脳の刺激関門」の働きである。この刺激関門は生後4週くらいまでは閉ざされた状態に近い。松井によれば，この刺激関門が機能するのは健常の新生児では2カ月くらいまでの時期であるとのことである。しかし，重症児は胎児期や周産期，または出生時などに重篤な脳障害を起こして誕生し，その後も内部知覚が優位で反応の脆弱性が継続している場合が多いことから，この働きがどのように関係しているかが彼らへの刺激呈示を行なう中で重要な視点であると考えている。本児は初期感覚である近接知覚感覚の段階に留まる中，特に抱っこをして揺らすという活動に嗜好性が高かった。

そこで「快い刺激には徐々に刺激関門は開かれていく」[6]ということからも，対象関係が共生期段階と思われる本児に対し，抱っこをして揺らすという，前庭感覚的刺激の呈示から開始することにした。そしてセッションを進める中で，外界へ向かうための気づきや能動性の高まり，やりとりの形成など，言語によらないコミュニケーション（non-verbal communication）を目指し，感覚受容の高次化を図っていくこととした。以下，全体を5期に分け紹介していく。なお，セッションでは，松井[10]が提唱した発達障害児の個人音楽療法技法であるBED-MUSIC技法を用いた（表3）。

表3 BED-MUSIC技法

B	Background music	背景音楽
E	Echo-Technique	反響技法
D	Dialogue	対話
M	Modeling	モデリング
U	Unaccomplished-Technique	未解決技法
S	Stimulative-Technique	刺激技法
I	Iso-Technique	同質技法
C	Call-Technique	呼びかけ技法

松井[10]より改編

4. 第1期
1) 方法と期間
　①期間：X年10月23日〜11月10日，セッション回数10回

②活動内容：音楽に合わせた揺らし
　　③音楽の使い方：BED‐MUSIC技法「背景音楽」
 2）セッションの経過
　本児はモロー反射の名残かとも思われる，抱き上げるとすぐに抱きつく行動が観察された。そして，揺らしを行ないながら，場面に持続性をもたせ，円滑な進行を図るため，また，聴覚受容の拡大もねらい，「背景音楽」を呈示した。音楽はゆったりとした鎮静的な童謡などを流し，背中を撫でたり，タッピングしながら揺らしを行なった。また，抱っこをしながら語りかけ，歌いかけをした。このことは対人関係を意識させるとともに，「受け身的な自己の気づき」[11]の経験ができ，さらに，筆者の発声に伴って声帯から伝わる振動は，触覚刺激としても受容できると考えられた。
　セッション中，本児は穏やかな表情をしたり，時には入眠することもあった。また，第1期の後半では抱かれながら手足を動かす，わずかに首を振る，かすかに笑顔を浮かべ，口を鳴らして遊ぶ行動や，手で筆者の胸を軽く叩いたりして過ごす時間が多くなった。

 5. 第2期
 1）方法と期間
　　①期間：X年11月11日～X＋1年1月7日，セッション回数19回
　　②活動内容：音楽に合わせての全身へのタッチング
　　　　　　　　多様な素材を使用した各部位へのパッシブタッチ
　　　　　　　　キーボードの音源からの聴覚および触振動覚の受容
　　③音楽の使い方：BED‐MUSIC技法「背景音楽」
 2）セッションの経過
　第2期は，触覚防衛もないと思われた本児に触覚刺激として，快い反応が表出することをねらい，リズミカルなまたはゆったりした音楽に合わせ，全身へのタッチングの活動を行なうこととした。重症児への音楽に付加したタッチングの有効性は過去にも報告されている[12]。また，「触運動を通しての外界に対する能動性の高まりは，決してその感覚器系に限定されず，他の

感覚器系の活動をも高める原動力となると考えられる」[9]といわれるように，触覚感覚は感覚受容を拡大，高次化させていく上で重要であると考えられた。そこで，さまざまな素材により刺激呈示を行なうパッシブタッチの活動も行なった。

また，第2期後半のセッション11回からは，キーボードを用いてスピーカー部分に手や足を接触させ，低いストリングス系などの柔らかい持続音等で演奏し，音楽を触覚，振動刺激としても受容する活動を加えた。この活動は，本児が触覚や固有感覚を通して「音を感じる」ためにも必要な活動であると思われた。これらの活動に対して，全身へのタッチングは，初回からよく笑顔で身体を動かし，顔の上で手を叩くような行動も観察された。絵の具の筆，ブラシ，柔らかい布など，さまざまな素材を用いたパッシブタッチは堅い素材には快反応が生じ，比較的強い触覚刺激に嗜好性があると思われた。

それまで刺激に対し，笑顔や手足の動きの反応が窺えたが，セッション9回目から受容によって口をかすかに開けて，動きが制止する定位と思われる反応が観察された。キーボードのスピーカー部分に手や足をガイドし，刺激呈示する活動からは定位が観察されなかった。この状況について宇佐川[13]の本報告に対するコメントでは，大太鼓やクロマハープなどの強い刺激を用いて触覚受容する部位を焦点づければ，定位反応が生じた可能性が示唆されている。

6．第3期
1) 方法と期間
　①期間：X＋1年1月8日〜2月9日，セッション回数13回
　②活動内容：手のガイドによる聴覚と触覚刺激の受容と自発的操作行動の促進
2) セッションの経過

第1・2期を通して，触覚などの受容，高次化は進んできていると思われたため，第3期は，聴覚受容の拡大と触運動を通して，外界への能動性を高めるため，打楽器を用いたかかわりを行なうこととした。本児は鈴などを

もたせると，一瞬握って投げるというように，わずかな操作行動が手に備わっていることが観察されていた。このことから，手を楽器にガイドする活動を通して聴覚，触覚刺激の受容を行ない，さらに，対象操作として楽器の音を自発的に鳴らす行動が発生することをねらった。自らの操作で刺激がフィードバックされることで，本児に初期の因果関係の認識が形成され，外界の把握が進むように試みた。使用した打楽器は，刺激受容が構造的にしやすく，また，ガイドも容易で聴覚，触覚の複合刺激としても受容することができるタンバリンを用いることにした。

セッション中，ベッド上にて仰臥位の状態で，頭の近くでタンバリンを叩くと共鳴するように手を叩くことが観察され，楽器で身体を軽く叩いて，すぐそれを近くに置くと，わずかに手で探索するような行動も見られることがあった。手をガイドする活動は嫌がることが多く，手を引っ込めてしまうことが多かった。7回目のセッションでは，タンバリンを鳴らして手の近くに置き，そこに偶然手が触れた時，10秒ほど急激に手足をバタバタしながら笑顔を浮かべ叩くことがあり，その後のセッションでも何回かこのような行動が観察された。11回目にはタンバリンを鳴らしておくと，仰臥位から側臥位にと自発的にタンバリンの方に姿勢を変え叩く行動や，さらにクッションなどで支坐位をとらせると活発に叩く場面が観察された。本児はガイドでの受動的な刺激受容の活動を拒否するが，音を呈示することによって，むしろ能動的に音源を探索し，楽器を操作していく行動が生じた。

7. 第4期
1) 方法と期間
   ①期間：X＋1年2月10日～3月11日，セッション回数12回
   ②活動内容：打楽器を介したやりとりの形成
   ③音楽の使い方：BED‐MUSIC技法「対話」
2) セッションの経過
   それまで仰臥位や側臥位でいる本児に対し，タンバリンを頭上などで叩いたり，軽く手に触れさせ，手の近くに置くと探索して持って投げたり，また

10秒ほど急激に叩くような行動が多く観察されてきた。そこでこの活動に介入し，やりとりの形成に取り組むこととした。

この活動には，本児との音による応答，または，やりとりの関係を目指す「対話」の技法を用い，また中島恵子[14]のいう「ドラム同質奏法」も参考に行なった。タンバリンに興味を示さなかったり，一方的に叩き続ける場面も見られる中，本児の叩く音の早さや強度に合わせて応答的に音を返しかかわった。その結果，9回目のセッションで筆者の返すタンバリンに触れながら，かすかに笑顔が見られ，10回目には筆者のタンバリンを待つ行動が観察された。特に，12回目には笑顔を伴い筆者と叩き合い，「対話」（non-verbal communication）の活動を行なうことができた。

8. 第5期

1）方法と期間
　①期間：X＋1年3月12日〜4月12日，セッション回数11回
　②活動内容：音楽に対する定位反応を促し，快反応を引き出す
　③音楽の使い方：BED‐MUSIC技法「同質技法」「対話」

2）セッションの経過

第1期から第4期は，主に聴覚を伴った，触覚刺激を中心に，感覚受容の拡大を行なってきた。その経過の中，高度難聴と診断されている本児に，聴覚的反応と推察される場面がセッション全体にわたって観察されていた。そこで第5期はタンバリンの活動とは別に，遠知覚感覚である聴覚刺激のみの受容として，サクソフォン演奏による音楽を呈示した。音楽の使い方は「同質技法」を用いた。サクソフォンを使用した理由は，シンプルで本児が理解しやすく，より響きを伴い，また共生段階にあった本児が愛着的な印象をもちやすいと思われる音色であり，さらに「子どもの情緒，欲求，関心，動き，テンポなどに同質の音楽を提供する技法」[10]である「同質技法」を行なうために，筆者が最も操作しやすい楽器であったためである。

音楽は，松井[15]のいう唱歌，童謡などの基礎構造の強い音楽を使用し，本児が共生感を体験できるような叙情的な抱擁感のある曲を用いた。依然，

表出する表情や運動が乏しいため,「同質技法」の原理を参考にし,その生体活動のリズムとして存在する呼吸のテンポに共鳴させる形で演奏を開始した。セッション1回目では,仰臥位で首を動かしながらやや不快の表情であった本児にゆったりとしたサクソフォンの演奏を呈示すると,音源方向に身体を向け,わずかに表情が穏やかになり,口をかすかに開き定位反応と思われる動きの静止がみられた。しばらくすると手で顔や胸に触れたり軽く叩いたりして,また動作が止まる行動が交互に観察された。演奏を止めると本児が時々行なっている酸素チューブをはずそうとする行動がみられるが,演奏を開始するとゆっくり両手両足を挙上し,そのまま静止する反応が観察された。

5回目のセッションでは,手を顔の上で叩いたり手足をばたつかせている時や,鈴を持って激しく振っているところで演奏を呈示すると,鈴を投げ動きが静止する場面が観察された。サクソフォンの演奏に合わせて笑顔で手足を動かし,演奏を止めると運動を終了させた。その後,ややリズミカルな速いテンポの行進曲様の音楽を呈示すると,身体の動きを合わせて表情良く手足を動かし始めた。筆者もその動きに合わせ音楽を演奏し,しばらく本児の動きに合わせながら演奏した。演奏の終了と同時に,本児は笑顔を伴い持っていた鈴を投げ,自分の身体の動きも止め,満足気にとも思われる表情で頭をゆっくり揺らすような場面が観察された。

7回目のセッションでは泣いている場面で,演奏が始まると泣くのを止め,音源方向に向き快表情となり,演奏を中止すると,また泣き出すようなことが繰り返し観察された。このように顕著に聴覚的反応が観察され,今後,更に音・音楽を介した活動の発展が考えられたが,自宅への退院という形でセッションを終了させることとなった。

9. 考　察

重篤な視覚,聴覚二重障害を呈する重症児に,感覚刺激受容の発達過程を考慮しながら刺激の受容拡大,高次化を行なうセッションを継続してきた。その経過は図2のとおりである。セッション全期に渡って,初期感覚活動

活動内容	感覚活動	BED-MUSIC技法	第1期	第2期	第3期	第4期	第5期
抱っこをしての揺らし	聴覚・前庭覚	背景音楽	■	■			
全身へのタッチング・タッピング	聴覚・触覚・固有覚	背景音楽		■	■		
さまざまな素材を用いたパッシブタッチ	聴覚・触覚	背景音楽		■	■		
キーボードの音源からの触振動の呈示	聴覚・触覚・振動覚	——			■		
ガイドでタンバリンの音と触振動の呈示	聴覚・触覚・振動覚	——			■	■	
打楽器を介したやりとり	聴覚・触覚・振動覚	対話				■	■
楽器演奏による聴覚刺激の呈示	聴覚	同質技法/対話					■

図2 セッションの過程

に音・音楽の治療的特性を踏まえ，聴覚刺激も合わせて呈示した。音楽の使い方はBED-MUSIC技法で示してある。本児は外界を捉えていく上で受動的であった初期感覚の段階から，より能動性の高い聴覚のみの活動で刺激受容することができた。

当初，本児は一見外界に対して閉鎖的である状況と考えられたが，わずかな聴覚的反応と前庭覚刺激に嗜好性を示したことから，第1期は「背景音楽」として音楽を用いながら，歌いかけや話かけを伴った抱っこや揺らしを行ない，快反応や自発行動を引き出すことができた。この接触知覚的活動が，共生期段階にある本児に有効であったと考えられた。また第2期は音楽に合わせたタッチングなどによる快反応の誘発と，触覚および振動感覚受容の拡大を図る活動を加えた。タッチングの活動は，顕著に嗜好性を示し，また，ガイドによるスピーカーの震動源に触れる活動は，音を触振動刺激としても受容できることをねらったが，刺激量や受容する身体の接触部位の十分な検討が必要だった。

初期感覚受容の拡大が進む中，第3期は刺激部位を手に絞り，ガイドでタンバリンを叩き聴覚・触振動刺激として受容し，また，それを手がかりとして「叩く」という自発的な手の操作行動の形成を試みた。当初，日常の姿

勢である，仰臥位の状態でのガイドによる活動は拒否することが多かったが，その後姿勢を仰臥位から側臥位，また支坐位にしたこと，タンバリンの音を十分呈示するようにしてからは，それを探索し自発的に操作する行動が観察されるようになった。このことについて宇佐川[13]は，叩くという行為と音が出ることとの因果関係の理解，手の動きが自発しやすい姿勢の保持の重要性を述べている。探索行動は「適度に新奇性をもった刺激で，そのような対象に対する自発的，積極的に理解しようとする一連の行動」[9]とされており，本児にこの探索行動が発生したことは，タンバリンが本児にとって適度な新奇性をもった刺激であったといえる。

　第4期はタンバリンが叩けるようになった本児の活動に介入し，非言語性の交流（non-verbal communication）を実現させるためのかかわりを行なった。当初は衝動的に叩く行動であったが，筆者が本児の音に応答的に叩く活動を繰り返した結果，タンバリンに触れながら，かすかな笑顔を浮かべ，筆者のタンバリンを待つ場面が現れ，その後応答的な叩き合いを行なうことができた。これは松井のいう「対話」（音による二者関係・やりとり）の活動になると考えられる。鈴木千恵子・玉野研治ら[10]は初期段階の子どもとの音楽活動について，「複雑な音や音楽でなく，シンプルで分かりやすい音を提供していくことが重要である」としている。それを踏まえ「対話」を行なう際の配慮として「子どものもっているテンポ，リズム，人や楽器にかかわる特徴をよく把握して，Musical-dialogue（音楽的対話）を行なうことが，その後の音楽療法場面を円滑にさせる」[10]と述べている。タンバリンというシンプルな分かりやすい音を用いて，筆者なりに本児の身体の動きに合わせ，そのテンポを感じながらかかわったことが有効であったのであろう。また，当初，衝動的であった叩く行動が，「対話」を行なう中で，穏やかに叩かれており，これはより自己の運動の調整が始まりつつある行動と捉えられる。

　宇佐川[13]はこの第4期の活動に対して「手と物の協応が始まり，音の始点と終点が理解され，タンバリンを叩き合うことを通して，受動と能動が交互に展開され，やりとりが成立していったということができる」と述べてい

る。当初はあまり表情がなく行なっていたが，途中から笑顔で活動できたことは「注意から余裕をもって対象にかかわる『遊び活動』への段階に移行」[9]したものと思われた。この活動はその後も継続され，タンバリンは本児の能動性の源泉となった。

第5期はタンバリンの活動に加え，感覚受容の高次化を図り，本児が外界を捉えていく上でより能動性を高めるため，それまでの初期感覚である触覚等の近接知覚感覚の活動から，遠知覚感覚である聴覚刺激のみの活動に取り組んだ。生理学的には，高度の難聴として，両側ともに100dBの聴力損失が認められていたが，第1期から第4期にかけて定位反応も含め，聴覚的反応が認められていたことから，聴覚のみの刺激受容が可能と推察し，かかわった。サクソフォンで「同質技法」を行ない，その生体活動のリズムとして存在する呼吸活動にも共鳴させる形で行なった。この活動で，本児は音楽に対して身体を静止する，音源方向に身体を向ける，そして快い表情となり，音楽に共鳴するかのように穏やかに身体を揺らしたり手を叩く行動を起こした。これは，音楽に対して本児が聴覚受容として定位し，それを知覚し，それが本児に共生的意味合いをもたせ，快い反応が生じたといえる。更に，笑いながら音楽の始点と終点に合わせた身体の動きや，音楽が終了すると泣き，開始されると泣きやみ，快い反応が表出するといった活動が顕著に窺えた。これらの活動は聴覚刺激のみによる「対話」の成立を示唆させるものではないかと考えられた。また第5期で用いた音源であるサクソフォン（アルト）について，その音色の性質は一般的に人声に近似する音といわれており，特に，中低音域は大人の声を彷彿させる愛着的な馴染みやすい抱擁感をもった響きをもつ。奏者の微妙な演奏によって情感あふれる豊かなビブラート音，リズミカルで促進的な，またやさしく叙情的な音を呈示することができる。さらに，単音というシンプルな構造が本児に理解されやすく受容されたのではないかと思われ，サクソフォンの楽器としての性質が本児に良好な効果をもたらしたと考えられた。

以上のように本児は感覚受容の拡大と高次化の段階をたどり，初期感覚の段階から聴覚のみで外界を捉える活動や，音・音楽を介したやりとりの形成

など言語によらないコミュニケーション（non-verbal communication）を実現させることができた。しかし，その後の継続的なセッションは，本児の退院という形で終了ということになった。半年のセッションでこれだけの受容が拡大したことは，筆者の当初の発達評価（**表2**）がやや低い診断で行なわれていたようにも考えられた。また，本児は人との愛着的な交流や，周囲は気づいていなかったものの音・音楽に対して嗜好性があったことも推察され，これらにもセッションの順調な進行の要因があったと思われる。

まとめ

　本事例を通して，重症児に対する音・音楽を介したかかわりの紹介・検討をしてきた。

　音楽は全セッションで感覚受容活動への導入やその継続，自発的運動の誘発や，コミュニケーション関係の成立場面などで，その機能が有効に発揮される可能性があることが観察された。また，どの感覚活動の場面でも，音・音楽が存在しセッションが順調に進行したことを考えると，音・音楽はさまざまな感覚刺激と調和しやすく，活動に継続性をもたせ，その高次化を図りやすいと考えられる。しかしながら，特に重症児は，周囲にさまざまに存在する音や音楽を，選択的に外界から抽出し受容していくことに，非常に困難性をもつと推測されるため，飽和状態に至らせないためにも十分配慮することが必要である。そのためには，音楽がない環境を大切にしていくことが非常に重要である。その中で，彼らとのかかわりを通して反応を観察し特性を把握し，そして音楽療法を開始する際は，音・音楽の内容やその刺激量は慎重に吟味されなければならないであろう。

　彼らが安心して外界から刺激を受容できる環境を保障するため，かかわりに応答性を期待し，万能感，達成感を知らないうちに求め，呈示する刺激量を吟味できなくなる事態が起きないように，セラピストは常に自己知覚の作業を進める必要がある。

　また，どんなに反応が脆弱な重症児であっても，そのどこかに刺激に対し

反応している有意な運動が存在することを信じ，繰り返し刺激を呈示し観察し，その行動特性を把握していくことが大切である。そのために，セラピストは，重症児のわずかなサインを受け取り，また彼らに分かりやすく返していく工夫が必要である。重症児の生活の場において，継続的な臨床活動の重要性を唱えている細渕富夫[16]は「大人の感受性を高めるために最も重要なことは，子どもの発信をそれと認められる程度に生活を共有し，『経験の共有』を積み重ねることであろう」といっている。重症児に彼らがその世界から，外界に向かいたいと思うかかわりをいかにするか，そしてそこに音や音楽がどう存在するか，これは今後とも筆者の課題としていきたい。

いろいろと述べてきたが，筆者がいつも彼らに対する音楽療法を考え，学び，悩み，そしていつも到達する結論は，まさに人間の反応が快と不快に分化する発達段階にある彼らに，音・音楽がいかにささやかにやさしく「寄り添う」ことができるかということである。

参考文献

1) 松井紀和（1980）音楽療法の手引　牧野出版
2) 松井紀和編著（1995）音楽療法の実際　牧野出版
3) 宇佐川浩（1998）障害児の発達臨床とその課題　学苑社
4) 川住隆一（1999）生命活動の脆弱な重度・重複障害児への教育的対応に関する実践的研究　風間書房
5) 細渕富夫（2003）重症心身障害児における定位・探索行動の形成　風間書房
6) 片桐和雄・小池敏英・北島善夫（1999）重症心身障害児の認知発達とその援助　北大路書房

引用文献

1) 大島一良（1971）重症心身障害の基本問題　公衆衛生　35：648-655
2) 斎藤久美子（1977）対象関係　児童臨床心理学辞典（内山喜久雄監）　460　岩崎学術出版社
3) Mahler, M. S. 他著／高橋雅士・織田正美・浜田紀訳（1981）乳幼児の心理的誕生　黎明書房
4) 松井紀和（1997）マーラーの発達論　東京カウンセリングスクール（抄録）　日本臨床

心理研究所
5) 宇佐川浩（1997）障害児の発達臨床と音楽療法　音楽療法研究第2号　31-38
6) 松井紀和（1980）音楽療法の手引き　牧野出版
7) 西巻靖和（2001）視覚・聴覚二重障害を呈する重症心身障害児へのアプローチ　音楽療法 JMT　11;61-69
8) Sokolov, E. N. 著／金子隆芳・鈴木宏哉訳（1965）知覚と条件反射―知覚の反射的基礎―　世界書院
9) 川住隆一（1999）生命活動の脆弱な重度・重複障害児への教育的対応に関する実践的研究　風間書房
10) 古賀幹敏・鈴木千恵子・圡野研治（1995）2, 4, 5, 6章　音楽療法の実際（松井紀和編著）牧野出版
11) 宇佐川浩（1998）障害児の発達臨床とその課題　学苑社
12) 今村忍・宍戸幽香里（1999）在宅における重症心身障害児の療養生活の質的向上をめざす音楽療法　音楽療法研究第4号　81-87
13) 宇佐川浩（2001）視覚・聴覚二重障害を呈する重症心身障害児へのアプローチ　西巻氏の論文へのコメント　音楽療法 JMT　11;61-69
14) 中島恵子（1999）ドラム同質奏法を中心とした音・音楽療法の可能性　音楽療法研究第4号　138-141
15) 松井紀和（1997）松井紀和著作集（音楽療法関係・続）1993-1997　日本臨床心理研究所
16) 細渕富夫（1996）重度・重複障害児のコミュニケーション研究をめぐる諸問題　障害者問題研究　23(4);307-314

第7章　高齢者音楽療法に求められる音楽

折山もと子

はじめに

　主に器楽を中心とした音楽の観点から，高齢者音楽療法に求められる音楽のあり方を探る。高齢者に対する音楽療法は，まだ研究活用の途上にあり，音楽的にみれば必ずしも高いとはいえないレベルの活動に甘んじているものが少なくない。そこには，高齢者の潜在能力に対する認識不足や，指導する側の音楽に対する一面的な理解，指導内容の影響があることも否めない。高齢者は無理に活動を強いられている場合もある。

　一般的に音楽的手法は，西洋音楽が中心に考えられがちであるが，歴史的事実が示すごとく，かつて音楽は国の内外問わずいたるところ，民衆の間で行なわれていたのであり，その構造や表現手段を分析すれば，方法や叡智は測りしれないものがある。その点から，高齢者も音楽も無限の可能性を秘めているのであり，ふさわしい音楽の在り方を探ることが，第一の課題ともいえる。

　本稿では高齢者に適した音楽の方向を模索し，その世代に即した親和性のある表現，個別性の高い自由な演奏表現の在り方を通して，リアルで質の高い音楽的働きかけを試みるための音楽の在り方を探るものである。

1. 高齢者に求められる音楽の方向

　高齢者により適した音楽とは何か，その方向について考えてみる。

のど自慢などで，高齢者がアコーディオンの和音伴奏と合わずに，困惑する場面がよく見られるが，西洋の機能和声的な構造（ホモフォニー：Homophony）をもった音楽の垂直性への対応に不慣れなためで，もともと農耕文化の中で育まれてきた，日本人独自の自由リズムや拍節感に馴染んだ世代には無理からぬ話である。これは主として，音楽構造への適応から生じることであり，一面的な音楽構造から，高齢者の音楽に対する能力を語ることは危険でもある。さらに，日本の伝統音楽や楽器のみに結びつけるという発想も短絡的である。

高齢者の音楽の適性についての方向を探ると，特に演奏を中心に考えた場合，論理性に頼らない音楽構造，慣れ親しんできた音組織，労働や学習を通して習熟した身体感覚から発する拍動，生理感覚を蘇生させるような，日本の風土感や生育環境とマッチした音空間（たとえば「春霞」を思わせる笙の和音や，「除夜の鐘」など），労働や遊戯を通して獲得してきたリズム感など，潜在的叡智である身体感やイメージを活用した音楽の適応の方向が求められるのではなかろうか。

1. 慣れ親しんだ身体感覚から発せられる拍動

高齢者のリズム感覚は，身体の使われ方や生育環境，生活の様式と密接な関係があるだろうことは容易に想像できる。日本の高齢者の中には，まだ伝統的な文化の影響を強く残している方も少なくないといえるのではないだろうか。

リズムには，等拍子の有拍リズムとともに，拍子形のない無拍の自由リズムがある。有拍リズムは，ヨーロッパのホモフォニーの発達にみられるように，明確な強弱の感覚と機能和声が，垂直的な整合性を要求する。これに適合するような楽器の発達や論理的構造の拡大とあいまって，演奏の技術が追求され，「技術がある＝表現の高さ」の構図で一般的に認識されている。多くの観点から，日本の高齢者にこのような垂直と水平面の緻密さが要求される構造をそのまま適用するには問題が多々あり，特に旋律，和声の簡略化など，技術面にさまざまな工夫が必要とされる。

本稿では，このような技法対応ばかりでなく，高齢者に音楽を用いる場合の底部に横たわる生育環境，身体，文化などと音楽の関係にも重点をおいて述べていきたい。

同じ有拍リズムでも，日本におけるリズム傾向は強弱が強調されず，「表間，裏間」と呼ばれる時間の前後意識が示されるだけで，農・漁業などの共同作業のときに自然に力を合わせる身体運動感覚とマッチする。このようなリズム感覚は高齢者には適合しやすく，裏間に現れるリズムの緊張感に「クロス・リズム」を加えると，慣れ親しんだ拍動の世界に導かれていく。

たとえば，生育過程で自然に身につけ，練熟した日本的なリズムの形，「三三七拍子」や「ドドンがドン」のようなパターン，あるいは読経のときの拍子感（雨だれ拍子）をはじめとする，いくつかの親しみなじんだフレーズやリズム感覚は譜面にすると難しいが，演奏はたやすく，このような練熟した身体感覚が発する拍動を，現代感覚にマッチした音楽構成の中にうまく取り込む方向が，高齢者の適応と関心を高める。

西洋的な拍節感が特に強調される音楽の中で特徴的なもの，ブルース（Blues）やスペイン的なビート（Beat）の強い音楽や，一般的な4ビート，8ビートなどの軽快なリズムのバックグラウンド（Background）にも，これらの日本的リズムの拍動はそのまま応用でき，音楽に即した鋭い身体反応を示すことが多い。

一方，無拍の自由リズムは，1音の表現にかかるウェイトが高まり，音の間の空白，間合いが心理的緊張と表現のきびしさを演奏者に要求することにもなる。音楽の流れの静や動の意識が顕著になり，有機的な音の結合はアニミスティックな世界や自然界にある素材，水や風，空気などの音楽表現にも適している。このような音間の空白が必然性を帯びる音楽は，密集的な音歩行にとらわれず，最小限の技術が最大の表現効果を生むことにもなる。西洋音楽のみを習熟した人には，その自由な時間の使い方や即興の在り方に，主体的な表現がリアルに問われることになり，苦手となるかもしれないが，高齢者には親和感の高い空間を生み出す。

たとえば，身体的にも制約を受けた高齢者が，ドローン（Drone：持続

音）や和音奏法のバックグラウンドの中に，たった1音ぽつりと発した音が，水面に波紋を起こすような大きい影響力をもつような音楽の在り方は，この空白性の高い音楽において最大限に発揮される。

　実際，この種の音楽では，微細な表現を行ない，反応も高く，自分たちの演奏に歓声があがることが多い。後方で見学していた高齢者が「あの楽器を弾いてみたい」と積極性を示すこともたびたびある。無拍のリズムで出発したものが，しだいに有拍に移行するような盛り上がりをみせる場合もある。

　このような音楽のあり方は，日本的風土感や身体性から由来する「間」や，「静中の動」に通じる意識を感じさせるものでもあり，過去に体得した感覚を蘇生させやすい。

2. 音楽表現と身体感覚

　身体感覚を伴わない音楽行為は，ただ音や言葉の羅列にすぎず，表層的ともいえる。身体感覚とは，音表現に伴う自己の体験を通して獲得した体の連動や反射，それに伴う体感，生理感覚をいう。さらに，音楽表現においては，音が次の音へ移行するときに連動する運動エネルギー感や，鋭さや柔軟性を表現する音質に対する身体感覚的演奏反応，その延長線上に音量や音高，音色，時間的変動を伴って知覚される遠近感などの空間感覚，重量感，緊張や弛緩，アナクルーズとデジナンスなど，心理的表現要素を身体感覚的反応でとらえることも含む。これらのことが，音楽への密接感とリアル感を増すのであり，その点の配慮を欠くことはできないだろう。音楽を単に対象者の機能や，規範の向上を目的に用いる場合でも，この点の認識は大切なのではなかろうか。

　たとえば，音楽に現れる遠近感を感じさせるようなフレーズに対して，平遠，高遠など遠近の有様を区別して，鋭く感じ取れるだけの優れた反応を示す高齢者が多いのも，身をもって体験され習熟されてきたものを，感覚的に率直に示すからである。感性に反映されるような音遣いや，風の強さや柔らかさなど，エネルギーに対する細かな表現の在り方や音楽構成は，高齢者音楽では，積極的に取り上げられるべきであろう。

このような音楽では，演奏は身体感覚を取り戻すことに他ならない．積極的に誘発し，細部に渡って表現を引き出すことができる指導者の身体感覚は，高度な音楽的訓練と感性を要することであるが，資質として最も重要な課題の1つであり，音楽全般の基本でもある．

3. 音の組織と素材

あらゆる音階と旋法の中で，伝統的な日本の音階である「律音階」「都節音階」「民謡音階」「沖縄音階」を含む，さまざまな5音音階が，高齢者世代には，より親和性の高いものになる場合が多い．

音階のもつ固有の感覚を生かした，異界性の強い多様な音空間の創造が，より体感的なリアルな感覚を蘇生させる起因となる．たとえば，律音階を用いて，ゆったりした春の気配を現すイメージ性の高い，無拍の自由な間合いの和音奏法（アジア的多声性）に基づく音楽は，1音をのびのびと演奏するだけでも，さまざまなイマジネーション（Imagination）が誘発されて高齢者の関心が高い．彼らのもっている風土に対する感覚や，季節感的体感が言語を超えて，内部からの蘇生感を高める．ペロッグ（Pelog）音階によるガムラン的な音楽構成で，日本人なら誰でも知っている「序破急」的な時間の変化を加えて構成する場合など，勢いなどのエネルギーを伴った身体反応として現れることも多い．

さらに，音素材への配慮も欠かせない．

雑音性をとり省いた楽音は，表音的に音を紡いで旋律やフレーズを作るのに適しているが，1音だけの存在感は希薄である．これに対して雑音性の高い非楽音は，使い方いかんで，1音でも表意性をもったイメージ性豊かな音空間を作る素材となる．ピッチの不確定さを利用した「ゆり」や「すり」などの音自体の微細なゆらぎ，装飾性は，イマジネイティブ（Imaginative）な心理的な効果を生じさせる．音密度の低い音楽の中で独自性を発揮する音素材は，高齢者音楽の表現や技術的観点にも適合する．

演奏者が音を紡いでいく技術にとらわれず，存在感のある音を駆使しながら，音空間にセンシティブ（Sensitive），イマジネイティブに対応すること

は，演奏者個々の根源的な表現性を呼び起こすきっかけとなり，「音素材」はその大きな要素の1つである。

4. 遊戯性

なわとびや，じゃんけん，石蹴り，おはじき，鬼ごっこなど，かつて遊戯の中で求められしだいに習熟してきた身体感は，最も原型的な音楽のさまざまな手法や，その対応に使われる身体感と類似性が強い。たとえば，模倣，競合，呼応など，遊戯のやりとりの基本は，音楽の成立においても原初的な要素であり，このような内容を含む音楽は，高齢者の得意分野になり得る。

「じゃんけんぽん」に代表される遊戯性の強いフレーズは，楽器で表してもらうと，いかにも習熟しているという印象を与える場合が多く，むしろ，このようなフレーズをうまく取り入れる構成が重要になるだろう。身体感を伴った時間的な変動や，じゃんけんを多少変形させたものの模倣や，音程差を加えた呼応などを取り入れた音楽構成では，みごとな対応に驚かされることがある。

このような遊戯性の強いフレーズを用いた演奏を，単なる遊戯に終わらせるか，さまざまな連想と記憶を蘇生させるイマジネイティブな音楽空間に変貌されられるかは，バックグラウンドや音の組み合わせへの配慮，音楽的センスなど，指導者の力量にかかっている。

5. 要 点

以上の高齢者音楽に求められる音楽の観点と方向について，要点を列記してみると，

1) 機能和声のみに頼らない音楽構造や演奏表現
2) 機能和声を用いる場合は，ダイアトニック（Diatonic）であること，最小限の循環和音などの仕組み。音や和音の移行はシンプルに，垂直の和音効果は複合性豊かにすることが音響的な貧弱さを防ぐ。
3) 音間を高密度でつなぐことを必要としない音楽──技術重視の観点に立たない

4) 音間の空白が必然性を帯びる音楽——西洋音楽的な密集空間や拍節性に頼らない
5) バックグラウンドが，ドローンや和音奏法のように，演奏に対して拘束性の少ない柔軟な対応性をもつもの
6) 即興が演奏の主となること
7) 構成が固定せず自由に組替え，発展できるしくみ
8) 論理的よりも，感覚的
9) 拍節的時間性が強調されないか，極めて明確に強調される
10) 演奏のモーションが簡潔であること，すなわちシンプルな拍子や拍節，隣接，同音持続など，音歩行の最も演奏しやすい動きの取り入れ
11) 倍音の音響を効果的に生かした，さまざまな 5 音音階と日本音階によるイマジネイティブな音楽構成
    たとえば，
    ①演奏が簡単な，慣れ親しんだ日本的フレーズやリズムのみを積み重ねた音楽構成（たとえば，聴きなれた祭囃子のフレーズをいくつか重ねたポリフォニー（Polyphony）など）
    ②律音階，和音奏法をバックグラウンドにした，無拍の即興的構成（笙和音的使用）
    ③テンポの変化を取り入れた，ガムラン的即興や序破急的時間変動の構成
    ④日本音階と，雨だれ拍子などのシンプルな拍子との組み合わせ
    ⑤日本音階による模倣，呼応や競合などの即興的グループワーク
    などがある。
12) 音質の表現を強調した構成（潜在表現の強調）
    普段，潜在的になりがちなタッチやトーンがリアルに反映される音楽のあり方。
13) 対極性の強調
    緊張や弛緩，活性や鎮静，予測性や意外性など，あらゆる対極性の強調。メリハリのある変化が関心や集中力を高める。

14) 慣れ親しんだ拍動を用いた表現
　三三七拍子，ドドンがドン，雨だれ拍子などを用いて，序破急的時間変動を加えた音楽構成。4，8，16ビートなどのバックグラウンドに融合して用いるのも現代感覚とマッチして効果を上げる。
15) 雑音性の取り入れ
　イマジネイティブな非楽音（Unpitched Sound）の多用。
16) 過去に獲得した身体感覚の再現
　たとえば，水に石を投げた時に拡がる波紋を見たときの，体験イメージの再現。木の葉がゆれる音や風の音，水の音など，かつて自然の中から獲得した身体感覚を，音楽化した構成。
17) 生理的な体感を想起させる四季の感覚と密接した音楽構成
　波の音や鳥の声など，季節に合った自然が発する非楽音の存在感を高めた，体感を誘発する曲想。
18) 聴きなれた生活環境が発する音
　たとえば，物売りの音や町の音，生活の周辺が発する音などをコラージュした日常追体験的構成，音楽劇などへの発展など。
19) 遊戯性を含む模倣や呼応，競合など，根源的な音のやりとりが中心となる音楽構成

などをあげることができるが，これらは高齢者に向けられた基本的な音楽の方向を示したにすぎない。機能や規範の向上などに絞るのであれば，さらに角度の違う点をいくつかあげることができるだろう。

　以上の要素は，何よりも極めて質の高い音楽空間という形で結実していなければ，音楽を用いる意味は半減する。子どもだましのような音楽の使用は，音楽本来の姿から逸脱しているのであり，その必然性が問われるだろうし，意味づけのみが先行するような事態は避けなければならない。

2. 音楽の構造と表現性

　音楽は，その構造と密接な関係がある。構造が違うと表現方法や音楽の性

質も変わることから，丹野修一は，実践的な活用のための指針として5つの多声構造のタイプに分けた[注]。ここでは要点のみを列記する。

(1) Element Music Type（要素的音楽タイプ）

表現手段である音の特性を身体感覚で捉えるための音楽構成。特に音質，音量を中心とした，表現のためのリアルな身体感覚育成を目的とする。

(2) Music Arche-Type（音楽の原形タイプ）

根源的ともいえる多声性——ドローン，和音奏法，ポリフォニーなど——を，現代的に生かした音楽の構成で，構造性の高いしくみでは得られない自由な即興と柔軟な構造的外郭が特色。演奏者は音楽を一瞬一瞬紡ぎ出すクリエイティブな感性と表現性が要求される。

(3) Modal Type（旋法タイプ）

教会旋法による音楽構成。旋法自体がハーモニーの構成基盤となるため，和声による拘束性が少なく，自由な旋律，即興性の高い演奏表現に柔軟に対応できる。モードから構成されるハーモニーの柔軟性によって，より自由な展開ができ，論理性よりも感性的，抽象的表現を引き出すのに適している。

(4) Tonal Type（和声的調性タイプ）

旋律に対して和声的に伴奏する垂直構造（ホモフォニー）。この構造の土台となる機能和声は音重力に基づいており，論理的，理性的，劇的表現を生む。強弱を伴った拍節感が時間性を強調する。

表現においては対極性と，合奏においては音色，音質を始めとして，あらゆる部分に同質性（"Homo"phony）が求められる。結果，より規範的でより優れた演奏が求められる方向が生じる。

(5) Structure Free Type（自由構成タイプ）

音楽の技術的，構造的，素材的規制を可能な限り取り払った構成。

意図性がある，やや構成的といえるものと，衝動的，瞬間的，偶発的な表現を引き出すことができるものなどがある。

対象者の能力や表現特質に合わせ，音楽を使い分けることや適応しやすい音楽的構成を行なうことが，音楽を用いることの土台となる。

丹野は作曲家の立場から，これまでとは全く違う斬新な発想に基づく，手

法のタイプ別合奏曲を長年に渡って開発，作曲しており，その手法は，音楽を全く経験したことがないあらゆる対象者が，楽器をすぐに演奏しながら同時に深い音楽感を味わうことができるようになっており，その音楽は静かな広がりをみせている。

　本稿で紹介する楽曲は，これに筆者の実践的手法を織り交ぜたものである。高齢者の合奏として（1），（2），（5）のタイプは，構造性の低さからより適切であると思われるが，これらはむしろ，指導者の音楽性と身体性が最も問われることになり，指導者の能力がむき出しにされる。しかし，音楽を高齢者に用いるのであれば，このような領域における鍛錬が指導者に強く望まれるし，音楽への広角的な視野を欠くことはできないだろう。

3. 高齢者合奏の実際

　ここでは高齢者に対応する合奏の実例をいくつかあげてみたい。

　従来の音楽的手法では，初めて演奏を経験する対象者が演奏や合奏に参加することは到底無理である。それが可能であっても，拙劣さが目立ったり，相当の練習などを要するのであり，高齢者には向かない。

　しかし，音楽構造や手法を変えることによって，高齢者が練習などすることなしに，自然に美しい音楽空間を作り出すことは実際に可能である。

　前述した丹野による数々の構成技法や音素材，多様な表現法などをセッションにおいて具体的に用いた曲を数例あげて，高齢者の演奏の実際を示す。

1. 演奏者の自由即興を主体とした合奏例

＜曲例『音の虹』（Music Arche-Type）＞
- 律音階，和音奏法による合奏（アジア的多声性。機能和声とは異なる）
- 拍節や和声など演奏の拘束性を生じさせる要素をなくして，演奏者の自由即興が音楽的効果をうむ合奏曲
- 律音階を用いた，自由リズムによる和音奏法（笙的。西洋の音楽で用いる和声的とは異なる），即興的に演奏する構成

律または呂音階のトーンチャイムを各奏者が1音ずつ自由な間で演奏する。技術は全く必要とせず，全体的に雅楽を思わせる音響効果となる。

　この合奏法は無拍の自由リズムによる，音間の空白が生かされる演奏表現が特徴である。演奏者は和音奏法によるゆったりとした伸びやかな音を背景に，即興的に自由に音を共鳴させる。律の和音奏法によるバックグラウンドは，虹のような光の束，あるいはのどかな春の霞がたなびく感じの季節感などを連想させ，高齢者にとっては非常に親しみやすい音空間になる。演奏者はかつて体験した春の暖かさや光の感覚，その時の季節の匂いなど，身体的感覚で捉えながら，その感じを音にのせていく。

　このような演奏では痴呆症の高齢者が，微細なタッチで音質の違いを使い分け，健常者が及ばないすばらしい演奏をすることがある。

2. 音刺激に即応することを目的とした合奏例
＜曲例『飛ぶ星』（Element Type）＞

　シンセサイザーのピッチベンダーを用いて，宇宙的サウンドによって近未来的な音空間を作り上げ，流星が飛翔する視覚的なイメージを，音による減衰や放物線運動によって表現する合奏法である。

　あるエネルギーとスピードをもった物体が自己に向かってきた場合には，身体的に危険を察知して対応する能力が人間には備わっているが，そのような根源的な身体反応を呼び覚ますことがねらいである。演奏者個々に向かって発信する音刺激に即応することによって，一瞬の判断による感覚的対応を促す。非楽音と異界性の強い楽音構成など，音響的特殊性や現代性も加味されて，流星の飛翔が視覚的に提示される。

3. 慣れ親しんだ音形と習熟した拍動で構成した合奏例
＜曲例『Japanesque Polyphony』（Music Arche-Type）＞

　かつて聴いたことのある，耳慣れた日本的な祭囃子のリズムとフレーズをいくつか集めて，ポリフォニック（Polyphonic）に重ねていく合奏構成。

　習熟している序破急的な時間の推移を取り入れながら，しだいに重層的に

音が重なり，音量が増しテンポが速くなっていく変化に，身体感覚を伴って演奏対応する，など。

日本人ならば誰でも感じる時間の変動であり，高齢者には共感が高く，自然に身体運動がそれに即して変化していくことが多くみられる。ドドンがドンや三三七拍子など，習熟した拍動で構成されているため演奏しやすく，他奏者の音型との複合が，親しみやすいが美しい音響となって造形されていく。

4. テンポの変化と柔軟な身体的対応が求められる合奏曲
＜曲例『夏夜田楽』（Music Arche-Type）＞

テンポに変化を加えた，「ガムラン」にも似た時空を表現する曲。各演奏者は1音〜4音を担当し，脈動的な空間を作り上げる。テンポを変えることによって，常に演奏に変化がもたらされ，一瞬一瞬の対応が要求されるだけでなく，緊張と解放という対極的な間を絶え間なく，揺り動かされる感覚が要求され，意識の集中が高まる。

この曲では，序破急のような一方向への流れではなく，緩急入り混じっており，このようなテンポの変動は極めて原初的な体感であり，根源的な身体運動が刺激される。実際に演奏者はテンポが上がり音量が増大してくると，それに伴って演奏行為も力強くなったり機敏さが増したりする。

まとめ

高齢者にふさわしい音楽とは，彼らの豊かな体験が，育み，蓄積してきた感性や身体感覚を，リアルな演奏行為を通して再び自らが蘇生，駆動していくような音楽の在り方である。そのための発想の転換や，さまざまな音楽の手法の展開が求められることを述べた。

器楽など無理と思われていた軽度，重度痴呆の高齢者が，習熟した身体感覚を蘇らせてすばらしい合奏を行なうことは事実であり，これまでマイナス面と思われていた身体上の多くの不都合だった点が，美しい音楽に転化されることも現に起っている。結果においても，特に空間認知などの点に著しい

変化がみられた。

　音楽を駆使する点で最も大切な点は，音現象の結果，瞬時，あるいは逐次構築される音楽世界が，影響力を及ぼすほどの美的説得性や共感に満ちているか，ということである。音楽が力を帯び，説得性をもつ強い存在となるのは，まさにその時であろう。音楽療法というならば，そのような音楽の使い方こそ，出発点になるだろう。このような世界の具現こそ本来最も問われることである。音楽とは，そういうものであろう。

　音楽の効能や定義を羅列してみても，それが実現しなければ意味のないことである。

　　注）音楽のタイプの理論的な部分については，「Diatonic 合奏技法と実際」(1998)，「Mode 合奏技法と実際」(1998)，「4Motion 合奏技法と実際」(2000)，「合奏システム概略」(2000)，「Non Diatonic 合奏技法と実際」(2001)，「音楽表現の基礎Ⅰ・Ⅱ」(2001) を参照のこと（いずれも合奏システム講座用教材）。また，各音楽タイプの楽曲例については，『原風景音旅行』（丹野修一作曲／折山もと子編曲，人間と歴史社，2000 年）を参照していただきたい。

第8章 痴呆性高齢者のケアにおける音楽療法

北本　福美

はじめに

　この章では，痴呆性高齢者のケアにおける音楽療法という観点から，現行の高齢者政策の流れの上で，音楽療法が関われる接点を確かめし，基本理念として参考になる視点の紹介，集団セッションの工夫，個人セッションの工夫，セラピストに求められる姿勢を紹介していきたい。

1. 高齢者を取り巻く環境

　高齢者を取り巻く政策の変遷は，1958年の国民健康保険法の改正による医療サービスの環境整備に始まる。その後，1959年の国民年金法の制定による老齢年金の制度化による老後の所得保障，1963年の老人福祉法の制定を機とする貧困層の救済から高齢者すべてが対象となる保健福祉サービスの拡大，という流れとなった。しかしながら，これらを基盤に立てられていた対策が，2000年には17.3％（2050年には32.3％が推定されている）という高齢者人口の急激な変化に伴い，見直しが図られ，ゴールドプラン21で，「高齢者が尊厳を保ちながら暮らせる社会づくり」を目指し，施策が組まれ高齢者をどのように社会が支えていくかの今後の方向性が示された。

　介護保険制度との兼ね合いでは，要介護高齢者の自立支援と家族の介護負担の軽減を目的とする，介護サービスが提供されるよう努力されている。また，成年後見制度では，痴呆などによって判断能力が充分得られなくなって

も本人の権利が擁護されるように意図された内容が含まれている。

われわれが，音楽療法という素材を用いて痴呆性高齢者のケアを考えていくときには，このようなシステムの中のどの部分で接していくかをしっかりつかんで治療目的を立てていくことも大切になると考えられる。

2. 音楽療法が関われる接点と視点

1. 医療の中での位置づけ

痴呆性疾患に対しては，薬物療法を中心とした生物学的な治療だけでは限界があり，痴呆があってもより良く生きる援助としてサイコ・ソーシャルアプローチが提唱されている（図1は，第11回日本老年精神医学会プレコングレス・ワークショップ（1996）に斎藤正彦が論じた「痴呆性疾患に対する治療とサイコ・ソーシャルなアプローチの可能性」[5]の資料の一部を抜粋したもの）。また，類似するものとして，近年，痴呆性疾患の症状の捉え方として，BPSD（Behavioral and Psychological Symptoms of Dementia）が紹介されている。これは，痴呆の中核症状である脳の器質的変化による知的側面の障害をのみ重視するのではなく，感情や意欲の障害，幻覚・妄想などの精神症状，行動面での症状といった関わり手の介入を困難にする非認知機能障害への適切な治療や介入を重視する概念である。これらの論の出現を鑑みると，従来の医療を補完するアプローチ，あるいは統合医療の一環としての音楽療法の位置づけが，今後重要視されるのではないかと考えられる。音楽療法で痴呆

```
＜サイコ・ソーシャルなアプローチとは＞
1  非生物学的な方法
2  必ずしも心理的な症状ばかりを的にしない
3  身体リハビリとは違う概念・次元
4  痴呆性疾患に対する可能性として
      一次的作用→情動の安定・気分の改善
      二次的作用→覚醒レベルの上昇・意欲の改善
              認知の改善・身体機能の改善
5  このアプローチの限界
      心理療法的な効果の維持にメンテナンスが必要
      老年期痴呆は長期的には進行・死にいたる
                              斎藤[5]より抜粋
```

図1

が治るわけではないが、感情が安定し、意欲が改善し、焦燥が消失することなどは、臨床でよく観察されることである。1人のクライエントをトータルで見て（診て・看て）いくとき、認知改善の手段として音楽を用いることも考えられるだろうが、「知」的な回路より「情動」的な回路と直結して刺激する音楽の特性をより活用していくことも大切だと考えられる。

2. 福祉の中での位置づけ

わが国においては、高齢者、特に痴呆性疾患を有する対象との音楽療法の接点は福祉の現場が多いと考えられるが、前述のゴールドプラン21に基づいて設けられた高齢者痴呆介護研究・研修センターの研修項目としても音楽療法が取り上げられている。ここでは音楽療法の専門家が関わる活動を「音楽療法（セラピーとしての活動）」、音楽療法の専門家ではない介護の現場の方々が関わる活動を「音楽アクティビティ」と区別し、専門性の有無により活動の次元や目的に差があることを認めている。

痴呆高齢者の介護におけるアクティビティプログラムでは、①生活にメリハリをつけ、心と体のリズムを取り戻すこと、②楽しく、創造的な時間、感情体験を提供すること、③コミュニケーションを再建すること、④アクティビティを通して、介護する側が対象となる高齢者をより良く理解すること、などが目標として挙げられている。これらは、対象者の日常生活の質を上げ、環境との良好な相互作用を生み出していこうとする視点と捉えられる。音楽療法でも、これらを治療目標の一部として取り上げることは矛盾しないが、楽しい部分だけでなくさまざまな感情を伴った個別の時間に添った人生の振り返りへの対応や、残存機能の賦活のための意図的な活動の工夫なども、より重要視されるだろう。

また、効果的な音楽提示の方法や、対象者に応じた音程やリズムの変更が加えられた譜面作りなどの技術的側面では、音楽療法の専門家が2つの活動の橋渡しの部分で貢献できることも多い。ただし、音楽アクティビティと音楽療法は、どちらが優位に立つというものではなく、毎日の生活の中に浸透していく音楽活動とほんの少し閉じられた関係性の中で展開されるものと

して，横並びで相互浸透的に存在していくもので，実践の場では明確に区分して領域分けされるものではないように感じられる。

3. その他の領域

痴呆予防という側面からの音楽療法の展開も可能であろう。音楽を通して，これまでに出会っていない世界を体験することや，歌う＋奏でるなど多次元刺激による認知リハビリテーション的な活動，音楽療法の場の参加による社会性の維持や，対象者自身が生活の中の楽しみとして音楽を取り入れるレクリエーション自立，といった用い方も報告されてきている。

3. 集団セッションの工夫

次に，実践例を紹介する。ここで紹介するのは，筆者が非常勤で関わったA病院での集団セッションで，作業療法室のスタッフとの協働体制で取り入れられたものである。①残存機能の賦活，②他のクライエントとの交流，③生きがいの発見と開発の場の提供を治療目標とし，約20名のクライエントに7名のスタッフ（作業療法士3名，作業療法助手2名，伴奏の音楽家1名，音楽療法士1名＝司会）が対応し，週に1回，40分のセッションを組んだ。セッティングは図2に，標準的なセッションの流れは図3に示した。なお，個人のプライバシーに触れる部分については，文脈を変えない程度に手を加えている。

＜春のセッション例＞

セッションの部屋にクライエントが集まる間を，ウォーミングアップに活用し，春の唱歌を歌いながら円になってボールを回し，受渡しする時の個々人のテンポなども観察する。

【導　入】

〈そろそろ，皆様お集まりですか？〉と声を掛け，〈からすが〉と司会がはじまりのうたの冒頭を発するとそれに応えるように「かーかーないている」とクライエントからお返しの声が返る。歌詞を読み終えた頃合を見計らって

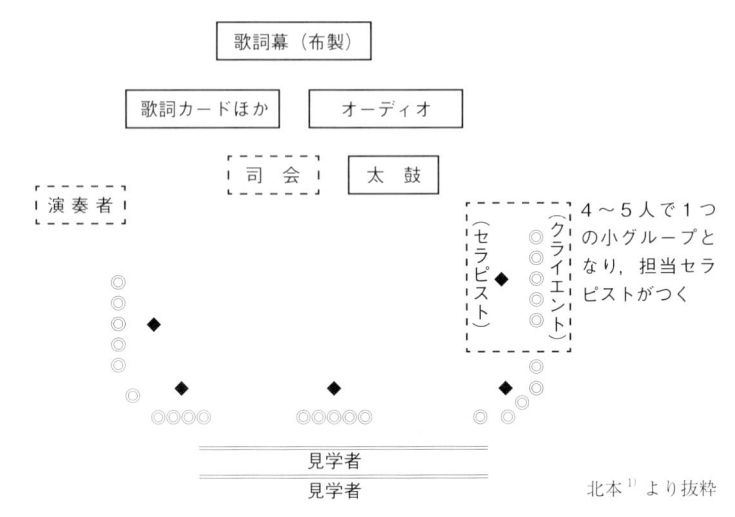

```
          歌詞幕（布製）

   歌詞カードほか    オーディオ

           司 会    太 鼓
 演奏者                        （セ ラ ピ ス ト）（ク ラ イ エ ン ト）  4～5人で1つ
                                              の小グループと
                                              なり，担当セラ
                                              ピストがつく

                   見学者
                   見学者
                                    北本¹⁾より抜粋
```

図2 痴呆性疾患のクライエントとのセッションのセッティング

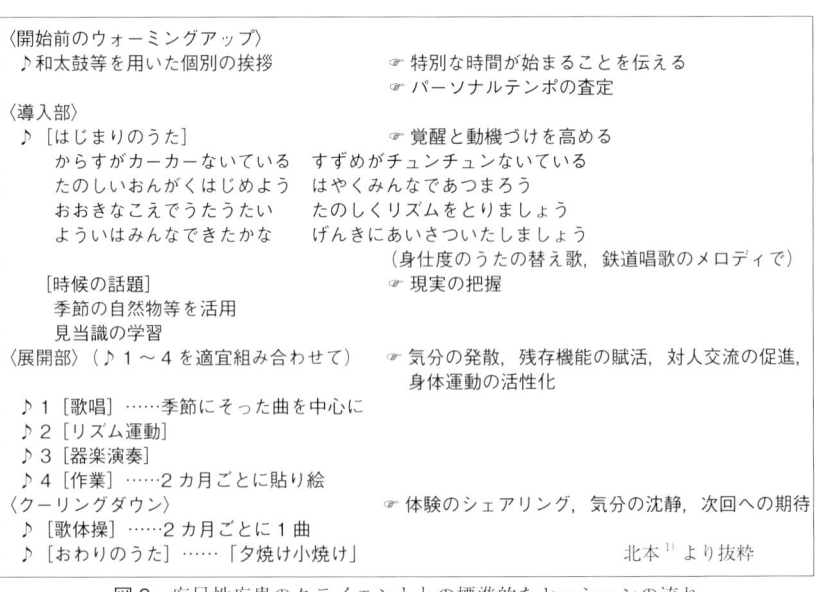

```
〈開始前のウォーミングアップ〉
 ♪和太鼓等を用いた個別の挨拶       ☞ 特別な時間が始まることを伝える
                              ☞ パーソナルテンポの査定
〈導入部〉
 ♪［はじまりのうた］            ☞ 覚醒と動機づけを高める
   からすがカーカーないている  すずめがチュンチュンないている
   たのしいおんがくがはじめよう はやくみんなであつまろう
   おおきなこえでうたうたい   たのしくリズムをとりましょう
   よういはみんなできたかな   げんきにあいさつをいたしましょう
                    （身仕度のうたの替え歌，鉄道唱歌のメロディで）
   ［時候の話題］              ☞ 現実の把握
     季節の自然物等を活用
     見当識の学習
〈展開部〉（♪1～4を適宜組み合わせて） ☞ 気分の発散，残存機能の賦活，対人交流の促進，
                              身体運動の活性化
 ♪1［歌唱］……季節にそった曲を中心に
 ♪2［リズム運動］
 ♪3［器楽演奏］
 ♪4［作業］……2カ月ごとに貼り絵
〈クーリングダウン〉              ☞ 体験のシェアリング，気分の沈静，次回への期待
 ♪［歌体操］……2カ月ごとに1曲
 ♪［おわりのうた］……「夕焼け小焼け」
                                      北本¹⁾より抜粋
```

図3 痴呆性疾患のクライエントとの標準的なセッションの流れ

前奏が流れ，歌い出しを〈いち，に，さん，はい〉と示し，併せてベースのリズムを太鼓で加えながら，歌詞の先読み，歌詞幕の指示で司会がリードして導入する。

　＜この場面の留意点＞
- いつもの時間の開始：定番曲を用いることで，それまで何が始まるか訝しげだったクライエントも「いつもの」時間の始まりを思い返せる。
- 注意の集中の促進：ウォーミングアップのときの運動を伴う活動で活性化した身体状況を作っておく。また，声掛けで正面に集中を集め，歌詞を一度読んで何をするのかの情報を伝え，読み上げの速さで歌うときのテンポなど基本のリズム感も掴んでもらう。
- 歌唱活動への援助：伴奏の音だけで歌える人もいるが，歌い出しは何かの合図があると安心されるクライエントが多い。ベースのリズムが音で加わることは，保護枠としての機能をもち，集団の凝集性を支える。歌詞の先読みは，視覚的な入力に制限のあるクライエント，読み書きに困難を抱えるクライエントの補助となる。

　クライエントの現実見当識を促進する，リアリティ・オリエンテーション（R. O.）として，〈もうすぐ，蓮如さんですね（4月25日は土地の蓮如忌の催しが盛ん）〉と時候の話題を向けながら，蓮華の花を提示する。〈俯けば蓮華，上を見れば？〉と司会が問い掛けると，「さくらー」とクライエントの声が返り，桜の花びらを各クライエントの頭から降り注ぐ。視線が上がったのを確認し，「さくら」のメロディを伴奏が流す。

　＜この場面の留意点＞
- R. O. への援助：単に日付を聞くと分からなくとも，日常生活や暦行事との関連でなら引き出されることが多い。自然の風物は，その季節にしか現れないものなので，桜を見て秋と思う人は少なく，また花の形・色・感触・匂いとさまざまな経路からの刺激を提供できる。
- 場面をつなぐ音楽：展開へとつなぐ時は，言葉の説明でなく，心に流れている音を聴く。

【展　開】
クライエントの首が振られ始め，心の中で歌われている様子が見えてきた頃合を見計らって歌詞幕を張り替え，〈らー，らー，らららー，いち，に，さん，はい〉と歌い出しの声掛けをして，歌唱。ベースのリズム打ちは曲想に合わせて控えめに。〈まだありましたよね，桜の曲〉と思い出しを促し，ヒントとして「荒城の月」のメロディを伴奏者が流し，〈春，高楼の……〉と司会が歌詞の先読みをしながら歌詞幕の張替えをして，歌唱。

　　＜この場面の留意点＞
　　・歌唱活動への援助：良く知っている曲では，必ずしも歌詞の先読みは必要ではなく，メロディが流れるだけで歌い出す人など，各自バラバラに味わいが進むので，全員で歌い出すときは司会がリードするように，ハミングなどを加え，曲の進み具合を調整する。
　　・曲の転換をつなぐ音楽：〈では次の曲〉というのではなく，文脈に則った曲の展開が音によってつながれていくと，クライエントの視界に広がる光景が途切れない印象がある。

霞の空の桜から夜桜の光景へと味わって，お花見の思い出を聞いていく。どんな所に行ったか，昼か夜か，お供は，などを小グループ担当のセラピスト（作業療法スタッフ）が各クライエントと会話を交換していく。各小グループでの話題を司会が掻い摘んで〈へー，＊＊さんは兼六園ね。まあ犀川の河畔もいけるのね〉など独り言のように呟きながら聞き取りし，花見の宴の話題を取り上げて，〈さあ，宴会だ！〉と，すり手で手拍子を打つ。クライエントからも手拍子が返ってきたら，花の都の「東京音頭」を歌唱し，〈さあ，もう１曲！〉と粋な交際をイメージして「二人は若い」を歌唱。手拍子で身体の中にリズムがしっかりできており，宴会の盛り上げの意味もあり，〈もう少しあそびましょう！〉と野球拳に誘い，「アウト，セーフ，ヨヨイがヨイ」と司会と各クライエントでじゃんけんする。

　　＜この場面の留意点＞
　　・言葉だけの交流場面への援助：近距離で関わるセラピストの存在が有効であるので，個別に話を引き出しやすい小グループセッティングが効果

的で，語られた固有の内容もしっかり聞き取れる。各小グループごとの交流を促すには，司会が移動して口頭で伝書していく。
- 場面の盛り上げ：宴会のような場面では盛り上げの音が必須で，太鼓で囃したり，少し色っぽい話題を投げかけたりする。
- 身体運動の誘発と休憩：上述の流れで，元気のいいクライエントは持続できるが，中には疲れが見えるクライエントもいるので，野球拳では活動に参加できるクライエントの元へ出向き，休憩を欲しているクライエントは応援に回れるよう配慮する。

【クーリングダウン】

司会がじゃんけんに数回負け，危うくなったところで〈まいりました，お後がよろしいようで〉と座を引き，〈そろそろ，よいお時間になりました。お名残惜しいですが……〉と終わりの定番曲「夕焼け小焼け」へと伴奏で導く。両隣りと手をつなぎ，時間を共有した仲間の顔を確認し，歌唱。〈それでは，今日の歌の時間を終ります。また来週も，＊曜日，＊時から，お会いしましょう〉と場を閉じる。クライエントがセッションの部屋を立ち去るまでの移動のBGMとして，「夕焼け小焼け」のメロディを伴奏が提供する。

＜この場面の留意点＞
- 関わりの往復運動：個別対応の場面の後，セッションの終結時には全体が1つになる場面と，メリハリをつける。
- いつもの時間の終了：場面の枠としての「いつもの」歌で終り，終着点を安定させる。
- 時間をつなぐ工夫：次回を確認し，再会の期待を胸に場を閉じる。

痴呆性疾患を有するクライエントとのグループセッションでは，集団の規模が無制限に拡大すると効果的な働き掛けが期待できなくなるので，中継点を作った物理的構造が個別のクライエントに必要な関わりを見えやすくする。たとえば，歌唱の場面でも正面の歌詞幕提示だけで注意を集中して歌える人，手元の歌詞カードで歌っているところをセラピストが指を沿わせると歌える人，そのような援助は邪魔でそらで歌える人，歌っているという意識はなく歌詞を音読している人，音声としては表出していないが心の中で歌っている

ことが推測される表情を示す人，表情も変わらないが指がかすかにリズムを刻み歌を味わっていることが確認される人と，反応はさまざまである。また，より細やかに反応の読み取りが可能となり，クライエントごとの残存機能を把握して必要な援助を考慮することができる。

次に，多次元の刺激入力の経路の活用も大切である。〈お花見に行きましたか〉という言語刺激だけでは反応が得られない人も，実際に桜の花を見て，触れて，香りをかいでと多重に刺激していくと，目の前に満開の桜が見えてくる（と，受け取れるように瞳が輝いてくる）。歌いたい気分を作り，そこに歌をのせていくと口が開いてくる。音楽療法の場では，歌わされるのではなく，歌いたくなったから歌うのが順当ではないだろうか。あるいは，提供された音で身体が震えリズムが刻まれ，手拍子などが出たところに，その拍子に応じた曲が歩み寄っていく。

さて，痴呆性疾患の主症状である記銘力の減弱は毎回のセッションを「初めての」時間として体験させるかもしれない。自床から離されることを拒み，どこへ連れて行かれるのかと不安を示す人も少なくない。しかし，繰り返しが手続き的に染み込んではいく。そのためには，「いつもの」状況を示し続けることが効果的であり，"いつもの"人と・"いつもの"場所で・"いつもの"ことが，始まり終わる，という体験の枠組みを工夫する必要がある。筆者は，スタッフ（小グループの担当も含めて）と参加クライエントの席位置，セッションの部屋，標準的セッションの流れなどには大きな変更が起こらないようにして，その枠の中で，展開部での毎回の変化を取り入れるようにしている。また，1回のセッションの中でも継続した時間としての体験が難しい人もいる。今が継続した時間となるためには，文脈性をもった場面構成が有用である。1曲ごとにプログラムが破断されるのではなく，一漕ぎ一漕ぎ前へ進むように，展開される景色が急変しないように工夫されるとよいと思われる。

以上に述べたような枠作りに配慮した上で，音域やテンポをクライエントに合わせる，選曲をクライエントの馴染みのものにする（幼い日に体験した唱歌のみならず，人生を謳歌した時代のものの方が反応が際立つこともあ

る),息づかいに合わせて拍子を変化させる(「ふるさと」などは,「……めぇぐぅーーうりいてぇーーー」と拍子が一部変わって歌われることがある),しっかり歌いたい曲は主旋律を強調し雰囲気を味わいたい場面では副旋律で盛り上げる,音楽(曲・音色)から思い起こされた回想に添っていく,楽曲がもっている音楽性を活用する(チャントなど宗教歌は,宗派を問わず敬虔な想いを届ける)などの交流を図っていく(なお,記録と評価に関しては別稿[2]にて紹介したものを参考にしていただければ幸いである)。

4. 個人セッションの工夫

次に紹介する事例は,B病院での個人セッションの例である。

クライエントは68歳の女性で,脳炎の罹患歴がある。初回の罹患では,薬物投与により順調に回復したが,再度の罹患(再燃とも考えられる)では回復が思わしくなく,意識水準も一定しないまま臥床状態であった。家族から音楽が好きで,演歌,特に五木ひろしが好きだと情報があり,主治医から音楽療法の適応がないかと照会された(なお,この事例の掲載に関しては,ご家族に説明の上,許可を頂いている)。

第1期:X年6月〜12月 疎通性の改善(週1回 15分)

ベッドサイドで,五木ひろしの曲を流しながら反応を見ていくと,「よこはまたそがれ」など,テンポの強調された曲で口元がかすかに動くことが読み取れた。原曲の刺激(クライエントが聴き覚えたままの曲のイメージ)を大切に,テープの音に合わせて歌いかけていくセッションを続けていくと,徐々に発声のボリュームが上昇し,傍らで充分聞き取れるほどになっていった。やがて,「川の流れ……川の流れ……」と言葉が漏れるようになり,おそらく「川の流れのように」であろうとレパートリーを1つ広げた。この曲には,元の歌唱が不鮮明なところもあり,ベッド脇の壁に歌詞を貼り付け,クライエントが見たり,部屋を訪れる人が一部でも歌いかけてくれるようにセットした。約15分程度しか注意は持続しなかったが,疎通性は確実に変

化し，屈曲した下肢もリラックスを促すようBGM（「Psychology Music / RELAX」（悠木昭宏）より「意識から（♩ = 63)」）を用いながらセラピューテックタッチをしていくと緊張が取れてきた。理学療法士の訪問時に，音楽のない状況での様子を聞くと，理学療法士が力をかけて膝を伸ばすと10秒くらいは延びているということだったが，この曲を用いて試してみると，2分以上膝が伸びたままで筋緊張の緩和が確認された。その後，ベッド上で座っている姿や，発語が増えてきたことが観察されるようになった。

第2期：X + 1年1月〜4月　身体感覚の回復（週1回　20分〜25分）

体幹の安定が得られるようになったので（理学療法の効果），別室まで車椅子で移動し，音素材の提供の幅を広げる。自室から離れ，知らない部屋に入ることに抵抗を示し不穏となるが，タッチングに加え，「よこはまー」などと歌いかけながら，音を加えて介助すると不穏の発言が減ずる。「これ知らんわ」と曲の感想を述べたり，身体のこわばりを「縛られとるみたいがや」（2期−2回目）と訴えるようになり，クライエントが指示する個所を歌い掛けに合わせてマッサージすると特に足の裏の筋が延びてくることが伝わってくる。

更に，「動けるようになりたい」「歩きたい」（2期−3回目）と意欲を述べるようになり，思うように動かない身体への苛立ちと厭世観も語る。歌える曲も「お富さん」「ふたり酒」と増え（家族からの情報を参考に選曲），右手にマラカス（軽いもの）を8ビートで振りながら，左手に歌詞カードという姿勢でこれらの曲を歌うようになった。セラピストはクライエントの発声の状況をみながら，徐々にテンポを上げて歌いかけたり，タッチングだけでなく自発的に脚でリズムを取るように介助したりしていった。

これらの働き掛けで，「あら，柔らかくなったね。足（床に）つくね」と呟き，車椅子のフットレストから足を床に下ろし，足の裏で床の感触が分かるようになり（2期−6回目），「私，立ってみるわ」（2期−7回目）と希望するようになった。介助の専門技術がセラピストにはないので，「私の身体にしっかーりつかまってね」と自力の協力をお願いし，車椅子から立位

へと介助し，足の裏の感触を味わっていただき，「自分で立っているの分かる？」と尋ねると，「分かる」と答え，この回には「もう1回立ってみる」と2回の立位を味わった．身体が音楽に合わせてリズムを刻むようになり，パドルドラムを用いて上下運動を促すと拍子も8ビートだけでなく，4ビートも取れるようになったが，曲に合わせたり，長い持続は無理だった．

第3期：X＋1年5月〜10月　自律的な活動の拡大（週1回　20分）

歌唱活動がセッションの中心になっていき，歌える曲も「長崎の女」，「知床旅情」，「大阪しぐれ」と増えていき，間奏部分も口三味線で歌ったりするようになった．第2期まではタッチングも加えることで関係が途切れない感があったが，第3期に入る頃には身体全体が歌唱している様子となり，セラピストはオートハープでの伴奏に回る場面も作れるようになった．

また，3期－3回目からは対面模倣で歌体操も加えていった．また，この回に持続的なリズム打ちを活用してクライエントの打つテンポに合わせてセラピストが「お富さん」を歌うと，1番は速いまま持続，2番はクライエントのリズム打ちを数拍ずつまとめて1拍扱いにしてゆっくり歌いかけるとクライエントのテンポが落ちてきて，3番では明らかにゆっくり打とうと努力している姿勢が観察され，外からのテンポを取り入れ，合わせようとする意図が認められるようになった．自分の歌に，自分の音で伴奏を入れるという体験はクライエントに非常に気に入られるもので，手でパドルドラムを叩く→マレットで音積木を叩く，という活動へと展開していった．歌唱も，最初はセラピストがクライエントの息に合わせて伴奏の音を載せていたが，クライエントの方が，セラピストの音のタイミングに合わせてくる場面も見られるようになった（3期－13回目）．このようなやりとりをベースにして，「旅愁」を歌いながら，木魚を「タンタンタンタン，タンタンタン'ウン'」と調子を自発的に取ったりもするようになった．第2期まで訴えられていた身体の痺れ感や苦痛は訴えられなくなり，「今日は何ともないわ」（3期－15回目）と体感の良さも語られるようになった．

第4期：X＋1年11月〜X＋2年　継続中　音楽の補完的治療効果（週1回　20分〜40分）

冬の間，反応レベルの低下が生じ，投薬の副作用としての流涎も激しかったので，抗精神薬が一時減量されたが，「家に帰りたーい，帰りたい帰りたい，帰りたーい」と言語による焦燥（agitation）が激しく出現し，病棟での生活が不穏になった。この間のセッションには参加の拒否を訴えるものの，強制的ではあるがセラピストが車椅子を押して誘導し，セッションの部屋で「よこはまー」と歌いかけると，息つぎがないかのような焦燥が1秒とかからず消失し，クライエントも，ともに歌いだした。しかし，顔面の上半分には，苦痛の表情が残っており，心の中の「帰りたーい」は決して消失していないことが推測され，その気持ちを受け取りながら，数曲を一緒に歌いつないで顔面の緊張が取れるまでを同行した。このような場面では，歌手の声をそのまま聞かせたりもいいが，セラピストが直接耳元で歌いかけるほうが効果的だった。投薬が調整され，焦燥は減じたが，歌唱については徐々に擦声化しており（声，つまり息の質感が薄れてきているということ）音域も狭まっている。また，歌体操への反応が得られなくなってきており，正面で刺激を入力しても視線をセラピストに向けようともせず，うなだれたままで，手を添えて介助すると動かされることには抵抗せず身体を頼ってくる状態となっている（以前は，視覚刺激だけで模倣が可）。

　一方，楽器操作は前期で獲得されたレベルが保持されており，マレットで音積木を叩く→ゴムべらでオートハープの弦を叩く，と発展し，セラピストがオートハープのコードボタンを押し，クライエントがゴムべらで弦を叩いて（弾く？）自分の歌唱の伴奏をするという活動へと展開していったり，ペンタトニック（5音音階）で自由に音積木を叩いていただき，それにセラピストが「砂山」や「スイカの名産地」（SMAP）を載せていくなどの交流をもっている。この音階では，「スイカの名産地」のような軽妙な曲の方が好まれ，替え歌をセラピストがその場で作り〈なーにが食べたいの　スイカの名産地〉と尋ねていくと，「そーやねえ，なすびときゅうり」と返事が返り，〈なすびときゅうり　ぬかづけに〉と歌い返すと，ふと思い返したよう，

「ソーメンもいいねぇ，まっすぐにこう（皿を見立てて，盛り付けを示している。まっすぐにとは，仮とめをして茹で，ばらつかないように皿の上でとめ口に包丁を入れたのであろう）して……」と返り，「そーめんも食べよおいしいね」と歌いながら，2人で大笑いをしている。

　個人のセッションでは，その人のまさに琴線に触れる1曲と出会うことがある。このクライエントにとっては，「よこはま　たそがれ」だったのだろう。筆者は，この他にも末期のアルツハイマー病のクライエントとの個人セッションで，寮歌を媒介に覚醒水準の上昇，言語活動の賦活，身体の柔軟性の回復，疼痛の緩和，夫婦の時間の提供といった関わりの効果をみた例を報告[2]したが，個人にとっての大切な1曲を，その人が味わいたいように用いていくことが有用ではないかと考えられる。

　また，経過に添って治療目標の微調整ができるのも個人セッションの良さである。上述のクライエントの場合，第1期は，覚醒水準を上げることを意図し，そこで目覚めた身体に対し，第2期では，自律的に使用することを意図し接触を加えていった。第3期では，それを拡大するためにいくつかの楽器なども用いつつ，クライエントがどのように楽器を扱うかに応じて対応していった。

　第4期は特別な意味をもっている。音楽が1つの処方としても効果的に働くことをこのクライエントからは学んだが，焦燥が消失するというだけでは音楽療法とは呼べないだろう。クライエントの内的体験も癒されて初めて「症状の消失」と考えるべきである。磁気共鳴画像（MRI）や，単一光子放射型コンピューター断層撮影（SPECT）などの脳画像検査では，徐々に脳萎縮が認められるようになってきており，また，セッションでの様子をみると突然の反応レベルの低下，非連続的な歌唱表現の変化，歌体操への集中の困難が生じており，経過をさらに細やかに観察しながら，これからは，より純粋な音遊びの世界で（言葉の世界から離れて），音のもつニュアンスでクライエントと交流を図っていきたいと考えている。

5. セラピストに求められる姿勢

痴呆性高齢者のケアに音楽療法が用いられるとき，その技術の習得はいうまでもないが，同時にセラピストの在りようが求められると思う。それは，この時期が年若いセラピストが追いつきようのない人生の特別な時間であり，技術や知識だけでは相対しようのない課題を背負っているからである。老いること，呆けること，彼の岸へと向かうこと，どの1つを取っても簡単には論じられないものであることは，重々承知しているが，クライエントから学んだこととして，最後に提示したい。

1. 老いること・呆けること

私たちが「老い」を考えていくとき，少なくとも2つの方向からスポットライトが当てられよう。1つは，先進技術と知識の習熟・生産性・自立性の有無が存在価値を決める，近代化社会で見つめられる「生物医学化された老い」の側面であり，もう一方は，知の伝承者・補助労働者・相互依存によって支えられる「伝統的な老い」の側面である。筆者は択一を求めるわけではないが，何十年という年輪を重ねた人のもつ存在感は，時に，痴呆という特徴より先に，その人の生き様を突きつけてくることがあると日々味わっている。その意味では，「痴呆性高齢者のケア」として音楽療法を行っているという認識よりも，「私の知っている＊＊さんとの歌の時間を楽しみに伺っている」という感が強い。その楽しみとは，先の世代からの時間を受け継ぐ楽しみであり，言語的な交流が限られた身体が，音楽とともに開いていくことを目の当たりにする楽しみである。確かに病からの修飾はあるが，それよりもその人が生きてきた生活，文化に修飾された目の前に紐解かれる光景に感動を味わうのである。上述の個人セッション例のように，夏のお炊事のひとコマが，このクライエントがいかに家族に心をこめて食卓の準備をしていたかを物語る。

老年期という時間は，そこに至るまでのすべての時間を含んで存在してい

る。その時間に触れるには，記憶を辿るというより，その時間にタイムスリップしていくようなセラピストの感性が必要である。ここに，音楽の交流媒体としての効果が発揮されるように筆者は感じるが，言葉で説明された過去の話を聴き取るよりも，より鮮明に体感的再現を促してくれる音楽の力を借りて，セラピストはクライエントの生きてきた時間に近づいていけるように思われる。

　それは客観的に三人称で痴呆という状況を理解するだけでなく，治療関係の上で明かされてきた二人称のクライエントに触れ，その前段階として，セラピストに直接発せられているのではなく，クライエントが内的に発している「声」(一人称の)とでもいうものにチューニングしていく工夫，聴く力をセラピストに求めてくる。「どこにつれていかれるの？」と不安の中にいる時には，クライエントの心の琴線は張り詰めているだろう。むやみに触れたら，断たれてしまうかもしれない。わずかな緩みを琴線に与える音が，まず要求される。それは，クライエントが「くつろぎ」を感じられる種類の音，「あれ？」と視線を移す種類の音，「ああ，これこれ」と安堵する種類の音。そのような種類の音が，セッションへの誘いを勧めてくれるように思われる。そして，クライエントの琴線に，震えるだけの余裕ができたなら，そこから奏でられる音を頼りに，クライエントの見ている光景に近づいていきたい。

　クライエントの立ち位置を思い測り，クライエントの視線が動くように，視界の広がりのままに。このような心づもりで寄り添っていくと，それが音となって，内から外へと現れ出てくる瞬間に出会うことが許される。それが，「うたいたくなる・奏でたくなる」時であろう。その音は，ある時は一人語りのように，ある時は場(集団なら，場を共にするメンバーに)に向けて，そして時にはセラピストに向けて。音楽の成せる交流は，さまざまな次元で動く。セラピストの役割をあえて考えるなら，その場に「在る」ことに尽きると思うのだが，一人語りを聴き取った証人になったり，場を開く役(同時に，お相伴の光栄を味わうことも多い)を担ったり，直接の聴き手になったりとさまざまである。交流を，クライエントから直接セラピストに向けて発せられたものだけに限定することなく受けとめて，セッションの中に在りた

いと思う。音楽療法は，意図的・計画的に音楽を用いるとされているが，そこにセラピストの作為や操作性が顕わでは，クライエントに対する畏敬に欠けるような気がする。

2. 彼の岸へ向かうこと

「死」が日常の中にある高齢者臨床では，今日のセッションが，一期一会となるかもしれない。そのような時節での，痴呆性疾患を被ったクライエントとの出会いはセラピストを無力感に誘うことがある。「今日，関わることの意味は？（痴呆が治るわけでもないのに……）」「この人の本質的なニーズは？（果たして，クライエントは音楽療法を受けたいと思っているのか……）」。そのような葛藤を傍らに抱きながらも，音楽を媒介とした交流が，「痴呆性高齢者」を柔らかな人として存在させることも，紛れもない事実として筆者には積み重ねられてきた。その経験から知らされたことは，此岸から彼岸への受渡しのときでもあるこの時間は，看取りの過程が進行する時間であり，孤独の中に移ろっていくのではなく，寄り添いがあることでクライエントの状態像が変化するということである。長き道を辿った旅人の安息・安楽の場としてキリスト教ではホスピス，仏教ではビハーラを提供し，それらが現在のターミナルケアの精神に結びつきスピリチュアルなケアを支えているが，「痴呆性高齢者のケア」という場でも，同様に，たましいの次元での「寄り添う力」が要求されるのではないだろうか。音楽療法がこの場で果たす役割はクライエントのたましいの温石となり，柔らかな人の姿で看送ることにあるのではないかと思う。

人は「吐く」息で生を開き，その息を「引き取って」生を終える。クライエントには吐く息に乗せて，思いの丈うたかたりしてもらい，名残はあっても，うたいきって旅立ちの時を迎えて欲しいと思う。

文　献
1) 北本福美（1998）音楽療法　老いの臨床心理（黒川由紀子編）　日本評論社
2) 北本福美（2002）老いのこころと向き合う音楽療法　音楽之友社

3) 高齢者痴呆介護研究・研修センターテキスト編集委員会編著（2001）高齢者痴呆介護実践講座Ⅰ　基礎過程　第一法規
4) 高齢者痴呆介護研究・研修センターテキスト編集委員会編著（2002）高齢者痴呆介護実践講座Ⅱ　専門過程　第一法規
5) 斎藤正彦（1996）痴呆性疾患に対する治療とサイコ・ソーシャルなアプローチの可能性　第11回日本老年精神医学会プレコングレス・ワークショップ資料
6) 三好功峰（2000）BPSDとは　臨床精神医学　29;1209-1215
7) 高畑直彦（2002）多文化と老人　老年精神医学雑誌　13;477-482

第9章　ターミナルケアにおける音楽療法

近藤　里美

はじめに

> ある人は，私たちが探し求めているものは，人生の意味であるという。
> しかし，私が思うに，私たちが本当に探し求めているものとは，生きている，生かされていると実感する，経験そのものである。
> ——ジョセフ・キャンベル（Campbell, J.）——

　世界保健機構（WHO）は，「ターミナルケアとは，治癒を目的とした治療に反応しなくなった疾患をもつ患者に対して行われる，積極的な医療ケアであり，痛みのコントロール，痛み以外の諸症状のコントロール，心理的な苦痛，社会面の問題，霊的な問題全体に焦点をあてることが，重要な課題となる。そして，ターミナルケアの最終目的は，患者とその家族にとって，できるかぎりの良好な QOL を実現させることである」とされている。ターミナルケア医療の焦点は，いうまでもなく患者その人自身であり，その人が病気と共存しながら，いかにクオリティ・オブ・ライフ（QOL）を維持，向上させながら生きていくかが，重大なポイントとなる。そのためには，患者の状況をすべて包括すべく，生理科学的，社会科学的，そして人間科学的なアプローチが必要になってくることは明らかである。それはまさしく，個々の患者の，多面的なニーズを考慮し，患者の人間としての尊厳を重視した，全人的ケアの実践を意味しているともいえる。

ターミナルケアにおける全人的ケアと，音楽療法の関わりが，学術的に発表されたのは，いまだ記憶に新しい1978年のことである。それ以降，逸話的に認識されていた音楽療法が，生理学的，また心理学的にも，科学として立証されはじめている。それは，音楽のもつ多元的な性質が，人間の在り方のさまざまなレベル，たとえば身体的，心理的，社会的，そしてスピリチュアルなものに，自然で柔軟な形で触れることができ，療法的に働く可能性を秘めているからであろう。また，音楽療法の本質である3要素（音楽，患者，そして音楽療法士）の中で創られる，時間的，そして空間的体験は，実に多様であり，ターミナルケアの患者の非常に複雑で，多面的なニーズと響きあうともいえる。

この章では，ターミナルケアにおける音楽療法の実践を中心に，筆者が7年間にわたり勤務した，カナダのヴァンクーヴァーにある緩和ケア病棟でのケースを紹介しながら，ターミナルケアにおける音楽療法の可能性を探っていく。音楽療法の理論や目的の詳細は，前書（『芸術療法1, 2』）に託すことにして，ここではまず，ターミナルケアにおける音楽療法の役割と特質を明らかにし，具体的な臨床現場の音楽療法の使われ方に沿って，話をすすめてくことにする。

1. ターミナルケアにおける音楽療法の役割と特質

ターミナルケアにおける音楽療法は，全人的ケアの重要な要素の1つとして，チーム医療の中に組み込まれてる。音楽療法士は，チーム医療の一員として，その専門的知識と，実践経験を最大限に生かし，患者と，そのケアギバー（患者のケアにとって重要な鍵となる人。肉親やパートナー，友人など）のニーズに対して，音楽療法の具体的計画，実践，継続的な評価に関する責任をもつ。いうまでもなく，その過程においては，他の医療チームメンバーとの，相互的コミュニケーションが必要不可欠である。また，独自で患者と関わるだけでなく，必要に応じては，積極的に他の医療チームのメンバーとともに，患者やそのケアギバーに関わることも必要とされる。

チーム医療の一員であると同時に,音楽を通じて関わるという点において,音楽療法士の存在は,非常にユニークであるといえよう。音楽という,言葉を越える芸術媒体を通して行われる音楽療法の中では,患者の状態,ニーズなどがしばしば象徴的に表出されることが可能である。それらを敏感に感じ取り,療法的に利用することが,音楽療法士の重要な任務の1つである。

更に,ターミナルケアにおける音楽療法においては,生と死に関わる実存的な問題に直面する中で,患者は人生の意味を模索し,時には,自分なりの意味を見つけだす重要なきっかけとなる時がある。更に,音楽を中心として,患者と音楽療法士の,信頼ある人間関係の中で,しばしば審美性や全人性,さらにはそれを超越した,トランスパーソナルな性質をもつ,非常に深い体験を可能にすることも,ターミナルケアにおける音楽療法の大きな意味であり,特質であるといえる。しかしながら,それらの体験は,数値で比較評価したり,表面的な変化が顕著に観察できるわけではない場合が多い。この点において,音楽療法士は,目に見えず,実態を捉えることのむずかしい,このような実践の評価を,どのように表わし,他の医療チームのメンバーとコミュニケーションしていくのか,また相互理解を深めていくのかにおいても,重要な役割を担っているといえる。

また,ターミナルケアにおける音楽療法は,人間の生命の神秘性を解明するという立場に重点を置くのではなく,むしろ,人間の生命の不思議さや曖昧さそのものを,価値あるものとして扱い,その中で試行錯誤する患者とともに歩むという姿勢をもつ。そのため,患者と療法士との関係は人間主義的理論(Humanistic Model)を根本としているといえる。人間主義的理論においては,患者と音楽療法士の,人間的,かつ純粋な交わりが重要視される。生理医学的理論が人間行動の生理的な側面に注目するのと異なり,人間主義的理論は人間の全人格に注目する。言い換えれば,ターミナルケアにおける音楽療法は,患者自身を全人格的存在として考慮し,患者自身に内在する知恵の存在を尊敬するところから出発するのである。

それゆえ,ターミナルケアで働く音楽療法士においては,人間としての自己を見つめることが要求される。患者の人間観に接することは,自己の人間

観をみつめることでもあり，また，患者の死生観に接するということは，自己の死生観を見つめるという，常に平行的な過程であることを認識し，自分の中で変化・熟成する人間観，死生観について自己反映することが大切である。また，なぜ自分がターミナルケアという領域に魅力をもち，働きたいのか，そして自分自身のセルフケアにどれだけの責任をもっているかを，常に問うことも必要であり，その点から，音楽療法士の人間的な成熟が求められる。

2. ターミナルケアにおける音楽療法の実際

1. 音楽を中心としたリラクセーション

ターミナルの病気に関連する身体的症状には，痛み，吐き気，息切れ，不眠などが挙げられる。こういった症状は，必然的に精神的不安を生み，その不安が新たな症状を生むということもある。音楽療法は，痛みに対する療法の一部として，音楽を中心としたリラクセーション技法などを使い，痛みの緩和に積極的に取り入れられている。

1つの方法として，意味のある音楽を使って痛みから患者の気をそらせ，逆に心地よい音楽そのものに神経を集中させて，痛みの感覚を軽減することがある。これは，ゲートコントロール理論（Gate Control Theory）が説明する，脊髄後角に位置している，痛みを脳に伝える門が，人間の情動，情緒，気分によって開いたり閉じたりして，痛み伝達刺激の量を調節するということ背景にしている。不安のために，症状が悪化し，またそれが不安をつのらせるという状態から，音楽を通して，安心したり，心地よくなったり，希望をもったりする患者自身の精神的な変化が，その悪循環を立ち切ることが可能であり，患者自身が痛みに対して，自分で何かしらできるという自信をもつことは，患者のQOLを考えるにあたって，非常に大切なことである。それゆえ，療法的に使われる音楽は，患者自身にとって意味があり，心地よく感じられることが重要であり，ただ単に，気を反らすためにと，ラジオを流してみたり，テープやCDを患者のニーズを無視して流すこととは違う

のである。以下に2つの例を紹介しよう。

　事例1：58歳になるAIDS（後天性免疫不全症候群）患者の男性は，循環機能低下により，足のむくみがひどく，そのため足先の皮膚が崩れている状態で，痛みを訴えていた。特に，看護師が来て包帯を取り替える処置中に，痛みのために叫び声をあげたりし，2人，または3人がかりで処置に携わっていた看護師たちにとっても，心身ともに，つらい作業であった。そのことが，医療チーム内で話し合われ，患者の神経を他にそらせて，処置がスムーズに行われるために，音楽療法を使ってみようということで，筆者は患者に会うことになった。

　痛みが軽減するのならば，なんでも試してみたいという患者に，人間の身体が感じる痛みのシステム，また，どうやって音楽が助けになるかを簡単に説明し，担当の看護師たちが入室するまでに，彼の好みの音楽を流し，呼吸法も採り入れて，緊張感を緩めるようにした。彼はピアノの深い音色が好きであること，ジャズやブルースを聴いて育って，好みの音楽家の名前もいくつか挙げながら説明してくれたので，筆者は車輪のついたポータブルピアノを，彼のベッド脇に設置し，その日の彼の状態にあった音楽を彼自身に選択してもらい，それを枕もとで弾くことから，関わりが始まった。処置の間，彼は音楽の流れる間に，目をつぶって音楽に聴き入り，その音楽についての思い出や，思い入れなどを合間に話したり，看護師たちとも今までになかった個人的な話をしたりして「何かいつもよりも，あっという間に処置が終わったように感じた」との感想を話していた。

　彼のベッド脇で，看護師たちの処置とともに行う音楽療法を重ねるうちに，彼はだんだんと積極的に音楽に関わるようになっていった。たとえば「今日は痛みがひどいから，優しい音楽よりも，なにか力強い爆発的なものが聴きたい」とか，「今日は，やたらに心寂しいから，何か元気づけてくれるような歌はないかな」など，自分の意思を表現するようになり，自身の治療に参加しているという意識の目覚めがあることが窺えた。また，処置に当たっている看護師たちに「包帯替えはあまり楽しいものではないけれど，音楽が一

緒についてくると思えば，少しは気分が楽になって，実のところ少しずつ楽しみになってきているんだ」と，話していた。

またある時は，彼曰く「歌詞が大好き」でリクエストした歌を，筆者がいつものようにベッド脇で弾きながら，彼に歌っていた時，足元で処置をしている看護師たちの仕事の話し声が大きくなりはじめた。すると彼は，思わず「シー！　せっかく気持ちよく聴いているのだから，邪魔にならない程度の声で話してくれないか！」と，看護師に言うほどになったのである。ともすると，常に受身にならざるを得ない患者が，自身で希望を表現できる，痛みを自身でコントロールできるという感覚を得たという点で，非常に大切な経験であったと思う。また，患者自身の処置に対する不安感が軽減し，処置がスムーズに進むようになったため，今まで必要であった2，3人の看護師も，1人で充分仕事を達成することができるようになったことも，大きな成果といえるであろう。

事例2：69歳の肺がんで入院してきた女性は，時折息切れが激しく，それが不安感を増し，パニック状態を引き起こす状況であった。彼女の部屋に，いっぱいに飾ってある花のブーケから，彼女が花が好きなことが察せられた。彼女の部屋を訪ねた私は，彼女と好きな花の話を始めた。そのうち，彼女の庭が，どれだけ彼女の心に安らぎを与えてくれているか，遠く離れていても目をつぶると，どんなにくっきりと，その情景が思い浮かべられるかなどを表情豊かに語ってくれた。彼女にとって，彼女の庭というのは，大変意味のあるものであり，心落ち着かせてくれるものであり，それを音楽と関わらせれば，効果的なリラクセーションを促進する可能性があると考えられた。

そこで，彼女に庭の花を思い浮かべながら，その花からどんな音楽を想像するか，それを筆者がピアノやギターで弾いてみたり，ある時は，簡単な楽器を使って，2人で「花の音楽」を創ったりして，彼女の心地よいイメージを具体化させていった。また，同時に彼女の庭を思い浮かべるようなレコードを選んでもらい，それを録音して彼女のベッド脇に常置し，いつでも必要な時に，自分で使えるように手配をした。セッションは，毎回が約20分と

いう短いものであったが，彼女は訪問にくる友達や看護師たちに，セッションの様子を楽しげに話していた。

　ある朝，彼女の息切れが激しく，酸素呼吸補助のレベルを上げなければならず，音楽を使って彼女のリラクセーションを促進できないだろうかとの，医療スタッフからの依頼があり，筆者は彼女の部屋を訪れた。酸素呼吸器をつけて，眼を大きく開けひろげている彼女が，一目で不安であることは明らかであった。筆者は簡単に，「いつものように音楽や，庭のイメージ，そして呼吸法を使って，少しでも症状が軽くなるように頑張ってみましょう」と言ってから，彼女の傍らで，彼女の呼吸のテンポに合わせ，それがほとんど一定のリズムを刻むように，また，呼吸の荒さに合わせるようなダイナミクスに気をつけながら，ピアノを弾き始めた。そして，徐々にリズムを保ちながらも，彼女の呼吸テンポより少しゆっくりしたテンポに変えて，彼女の呼吸が静まるってくるのを根気強く待った。彼女が少し落ち着いてきたところで，彼女の語ってくれた庭のイメージを，柔らかく言葉で表現しながら音楽にのせ，徐々に彼女と筆者が創作したようなイメージの音楽に変えていった。彼女の希望で，脇で見守っていた看護師が彼女の手を優しく握っているうちに，彼女は目を閉じて，静かに寝息をたてはじめた。

　このように，一定のリズムある音楽を提供するということは，エントレインメント理論（Entrainment Theory）を背景にしており，私たちの表面的な意識に関わらず，私たちは音楽から「この音刺激は予測ができて安心だ」というメッセージを受けとっており，それが，その人自身に意味のあるものであるならば，その人の意識を引きつけて，音楽のテンポに同化させることが可能であるということからきている。

　その他に，音楽を使ったリラクセーションの形として，患者の希望により，ボランティアや，専門家のマッサージ療法士，または，理学療法士や看護師たちの施すヒーリングタッチとともに，音楽療法士は，その状況に適応した音楽を提供し，それらの効果を上げる役割を果たしている。また，筆者の勤務する病院では，ソーシャルワーカーと音楽療法士が共同で，グループ・リラクセーションの時間も提供している。毎週1回，患者，ケアギバー，また

はスタッフがともに集まり，その時の気分でリラックスするイメージを皆で出し合い，ソーシャルワーカーは，言語でそれらのイメージを使い即興的シナリオをつくり，音楽療法士は，そのイメージの効果を高めるような即興の音楽を提供し，参加者の方々から高い評判を集めている。

2. 音楽を通して聴き合うこと，分かち合うこと

音楽は，それ自体のもつ幅広く，奥深い表現に溢れる質から，人間の深い感情の経験や表現を促すことがある。その表現は，時には具体的な表現であったり，また，ある時には象徴的なものであったりする。音楽療法士は，音楽のもつこのような素質を充分理解しながら，どのように音楽が患者の気持ちに寄り添って，療法的に使われるかを模索しなければならない。特に，緩和ケアでは，患者やケアギバーたちの，普段ならば習慣的にもっている自身の防衛能力が，弱まっている場合もある心理的状況の中で，音楽があまりにもたやすく，さまざまな感情，たとえば，後悔，悲しみ，怒り，無力感，希望，感謝，愛などが共存している柔らかい心の奥に触れる可能性があることを，常に憶えておくべきである。そのため，音楽療法士は，自分自身の感情的反応にもよく気づいておく必要があり，患者やケアギバーたちのプロセスを，音楽的にも，時には言語的にも療法的に援助できるように訓練されるべきである。

また，緩和ケアにおいては，生と死を見つめた実存的テーマが患者から表出することが多々あり，それは，人生を振り返り，達成したことなどの喜びをかみしめたり，失ったものを悲しんだり，人生の意味を自分なりに見出すことといった，重要で繊細なプロセスという形で行われることがよくある。時にはそのプロセスが，思い出深い音楽を一緒に聴きながら，音楽の中でそれを再体験することや，言い尽くせない気持ちを託して音楽を一緒に聴いたり，分かち合ったりする中で行われることがある。その時間の中での経験そのものが，療法的であることが多々あるのである。

さて，私たち医療者が，患者やケアギバーに，病気や死を受容し，怒りや悔やみの感情を越えて，「よい時間」をすごして欲しいと望むのは自然なこ

とかもしれない。しかし，そんなにも簡単に病気を受容し，死を受け入れることができるものであろうか。人間は，それぞれの生き方や選択の，長い歴史的背景があり，患者やケアギバーにとっての「よい時間」を，単に医療者の価値観に根ざす「私たちが望むよい時間」の中に組み入れようとしてはならないであろう。逆に私たちは，患者やケアギバー自身にとっての「よい時間」とは何かをわかろうとする，謙虚な態度こそが必要であると考える。次に，1つの例を紹介しよう。

事例3：12年にわたる人工透析に加え，何度にもわたって入院生活を繰り返し，知能障害を抱えていた38歳の男性は，結腸手術の経過が思わしくなく，緊急に集中治療室へ運ばれた。しかし，その後も血圧が下がりつづけ，何日も意識の戻らない患者に代わって，両親が何度にもわたる医療スタッフとの話し合いの結果，緩和ケアへの方向転換を決定したのである。患者は，寝る時にいつも音楽を枕もとでかけていたことから，「自分の家であるように，また私たちがここで見守っていることを知らせるためにも，音楽を聴かせてやりたい」という両親の希望で，筆者は彼らの部屋を訪れることになった。

　筆者は両親から，彼の好きだったという曲を聴いて，その曲のテーマ的フレーズを取り出しながら，そして充分音に合間をつくりながら，ゆっくりと静かにピアノを弾き始めた。それは，家族の方々が患者に声をかけたりしている大切な時間を，また，家族の中に流れる，言葉では言い尽くせない深い悲しみと沈黙の時を音楽が包括するようにという目的であった。音楽療法士が使う音楽は，エンターテイメントの音楽演奏とは違い，音楽がどのようにその時々のニーズで療法的に使われるべきかをすばやく判断し，それを即興的に提供できる技術を身につけていなければならない。

　しばらくすると，彼の息子に子どもの頃によく一緒に口笛を吹いていた曲を父親がリクエストし，その曲を彼の呼吸のリズムに合わせて弾き始めると，彼は患者の耳元で昔のように音楽に合わせて口笛を吹き始た。それがすすり泣きとなり，嗚咽となった後しばらくして，また音楽に合わせるように，や

さしく口笛を吹き始め，少し笑みを浮かべながら，彼の深い愛を息子の耳元で囁いていた。音楽はその間中，途切れることなくゆっくりと流れ，父親が息子の死を見守るプロセスを支えていたと感じられた。

　父親は後に，その時の経験を次のように語っている。「あの音楽は瞬間的に，私を特別な思い出の中に連れていってくれた。息子と笑ったり，ふざけてころげまわったりした，かけがえのないそれらを憶えておくことは，私にとって，とても大切なことであった。音楽が聴こえた時，その音楽の美しさと，心に響いてくる何かで，私は訳もなく泣けた。また，音楽は男である私にそうすることを優しく許してくれたように思う」

3. 音楽創造を中心とした自己表現とコミュニケーション

　ターミナルケアにおいて音楽創造活動を計画する場合，音楽療法士は，病状の進行具合，症状緩和の程度を把握するとともに，患者の体力や意識の度合いが，服用されている薬などで変化することを考慮しなければならない。患者のその時々の状態で，使われる音楽創造活動の形を変えていく必要はもちろんのこと，さらに重要なことは，音楽療法士自身が，音楽の創造「活動」というものを，狭く定義された枠のみで考えず，柔軟に拡大する意識をもちながら可能性をさぐることである。なぜならば，ターミナルケアにおいて，療法的な「活動」には，いわゆる一般的に定義される「何かをする」という狭い枠を越えた，「何かを感じる」とか「何かを経験する」という，目に見えない「活動」が多々含まれることが多く，それ自体が療法的であるといえるからである。

　さて，前にも述べたように，音楽は言語を越えた象徴的な側面をもち，それは，言葉で表しきれない，または，表したくない複雑な感情を表現する手段として，療法的に用いられることがある。また逆に，音楽を通じることで，心の中で感じている言葉が，さらに明らかになったり，意味深くなったりすることもある。

　実践では，音楽療法士が音楽の要素（リズム，テンポ，ハーモニー，メロディなど）を巧みに用いた即興的な音楽創造を通して，微妙な患者の表現の

手助けをすることもあれば，患者やケアギバーが音楽をとおして，一緒に創造的表現をすることもある。ここで強調したいのは，音楽療法は音楽のおしつけではないということである。言い換えれば，音楽療法は，無理やりに患者の感情を表出させたり，落ち込んでいる気分を明るくさせるのではない。たとえば，患者が抱いている怒りや不安，恐怖や悲しみなどを吐き出したい時には，それに応じる音楽から，逆に患者がそれらの精神的痛みから気持ちを紛らわせた時には，それに応じる音楽から始めることが大切であり，また，そのような感情には関わる準備がないときには，時期を待つことも大切なことである。音楽療法士は，患者の言葉や身ぶりを注意深く観察し，患者のその時々のニーズを音楽創造の中に取り入れる柔軟性が必要である。

また，言語を伴わずに用いる音楽療法だけでなく，言語とともに「歌」という形で，患者やケアギバーの自己表現，コミュニケーションに寄り添うことも可能である。完成された「歌」そのものの価値はもちろんのこと，その創造過程における，患者自身の内的経験，またはケアギバーや音楽療法士との外的経験の中に，患者にとっての大切な療法的要素があることを忘れてはならない。多くの場合，その「歌」は，患者やケアギバー自身の気持ちを表したものであったり，大切な人へ伝えたい，または残したいメッセージであったりする。そして，それは患者と患者自身とのつながり，患者とケアギバーとのつながり，あるいは，患者同士のつながり，そして患者と音楽療法士とのつながりを深めることに貢献することもある。次に，音楽創造を通じて知り合った，緩和ケア病棟の患者と，リハビリテーション病棟の患者との療法的交流を紹介しよう。

事例4：乳がんで緩和ケア病棟に入院してきた82歳のエレン（仮名）は，若い頃から伝道活動で世界中をかけまわって過ごした女性である。入院してからも，症状が収まってくると，体調の許す限り病院内の教会に出かけることを日課としていた。彼女は，歌うことを夢にまで見ながらも，小学校の音楽教師の「あなたは，声をださないで口だけを動かしていなさい」という一言で，人前で歌うことを断念したと言う。チャプリン（病院に勤務する牧

師）と私が訪問すると，家族のいない彼女は，必ず彼女の好きな聖歌「君は我のまほろし」をリクエストして，この曲がどれほど彼女の，生と死を見つめる過程で重要な役割果たしているかを話してくれた。また，彼女は緩和ケア病棟で行われるコンサートも毎回楽しみにしており，友達を誘って来るほどになっていた。

一方，先天性代謝異常により足のむくみがひどく，さらに肺炎をおこして集中治療室に運ばれた55歳になるベス（仮名）は，症状が安定するとリハビリ病棟にやって来た。彼女は，若い頃に男性から女性への性転換をしていた。また，若い頃に統合失調症と診断され，時折おこる幻覚症状を自覚していた。リハビリ病棟に移されたとはいえ，ほとんどベッドの中で過ごすことが多く，閉じこもりがちになる彼女を，私は緩和ケア病棟で行われるコンサートへ誘ってみた。彼女はしぶしぶながらも，好きなジャズやブルースが聴けるならということで，その夜，ボランティアとともに，緩和ケア病棟にやって来た。

一見すると，人生体験がまったく違うこの二人は，音楽という共通のものを通じて，その夜席をともにし，音楽やボランティアの提供するお茶やケーキを楽しんだ後，患者の立場でなければ見えてこない病院の出来事など，そうだそうだとうなずきながら，意気投合しているようであった。ベスの車椅子を押しながら病棟に戻る際，彼女は筆者に，エレンが小さいけれども，それは美しい声で音楽に合わせて歌っていたことを教えてくれた。

後日，筆者がそれをエレンに伝えると，彼女は少し驚いたような表情の中にも，まんざらではないような笑みをたたえていた。それから徐々に，エレンの訪問の度に，チャプリンと筆者が歌っていた聖歌であったが，彼女も参加して歌うようになっていった。それをベスに伝えると，今度は彼女も，エレンの歌声を聴きたいと言いだし，エレンの了承を得て，ベスが緩和ケア病棟を訪れて，筆者たちのセッションに参加するようになった。お互いのスケジュールや，その時の状況を照らし合わせながら，筆者たち3人，時にはチャプリンや，他の緩和ケア病棟の医療スタッフやボランティアも立ち寄るようになり，皆がそれぞれお互いに，「今日は○○○に贈る歌」などと，タ

イトルをつけながら、歌ったり、演奏したりするセッションが続き、しまいには、エレンが自分から、「今までこんなに美しい私の声を、奥にしまいこんでいたとは、なんともったいない」と、皆を笑わせるようになっていった。

　そんな中、ベスの退院が決まり、エレンとベスの間には、そして私にとっても、お互いのつながりの暖かさを感じるともに、来たる別れの寂しさが漂っていた。エレンはそんな気持ちをオープンにしながら、ベスに向かって、どれだけ彼女との時間が、落ち込んだ気持ちを救ってくれたかを語った。ベスはその時、黙って彼女の話を聴きながら、彼女の手を握り返していた。私は、ベスの車椅子を押して病棟に帰る際、「今までセッションで沢山の『○○○に贈る曲』を歌ったけれど、退院していく記念に『エレンに贈る曲』を創ってみたらどうでしょう。私も手伝いますよ」と、おそるおそる尋ねてみると、「それはいいアイデア！」と二つ返事で、翌日から始める約束をした。しかし、筆者のはやる気を察してか、彼女は「その代わり、私らしいことが大切なのだから、もちろんブルース調で頼むわよ」と、筆者に念を押していた。

　次の日、筆者はベスのベッド脇にピアノを運びこみ、ブルースコード進行を弾きながら、彼女には、頭に浮かんでくる言葉を自由に話してもらい、2人で何やらブルースもどきを生み出していった。そして、だんだんと彼女に、その話言葉の中から、本当に伝えたい言葉を選んでもらい、だんだんとブルース調に仕上げていった。そして約1時間後、ブルースの基本である「自由さ」を残すため、歌詞とコード進行のみ決め、固定したメロディを譜にせず、その時の気分で歌うという「エレンに贈る曲（Song for Ellen）」が出来上がった。それはまた、ベスの生き方を反映した「自分らしい自由さ」の顕れた、エレンへの贈りものでもあった（**参考譜1**）。

　退院する何日か前に、ベスと私はエレンの病棟を訪れ、彼女にこの歌を贈った。大きな笑みを浮かべて、「アンコール、アンコール！」と、何度も少しづつメロディの違った「エレンに贈る曲」を聴いていたエレンは、涙をいっぱいにして、何度もベスに向かって感謝の気持ちを語っていた。静かにそれを聞いていた私には、その言葉はとても真摯で美しく、思わず「私から2

人への感謝の気持ちとして，エレンの今の言葉に，エレンの好きな聖歌のメロディの始めの部分をつけながら歌ってみましょうか」と提案をし「ベスへ贈る曲（Song for Beth）」と題して歌いはじめた。何度か歌ううちに，エレンも私と一緒に歌いだした。ベスの希望で，その歌はエレンによって録音され，ベスはそのテープを大切に抱えて退院していった（**参考譜2**）。

その後，ベスが退院してからも，エレンは何度となくブルース調の彼女の曲を口ずさんでは，ベスの思いで話に花をさかせた。意識がはっきりしてい

―― Song for Ellen ――

(I_7)
I met a lady. Her name is Ellen. She is one of a kind. She is a friend of mine.

(IV_7)　　　　　　　　　　　　　　　(I_7)
She has a good voice. It's a good voice so that makes me smile.

(V_7)　　　(IV_7)　　　(I_7)
Oh, my friend, oh, my friend, Never give up your singing!

(I_7)
I met a lady. Her name is Ellen. She is one of a kind. She is a friend of mine.

(IV_7)　　　　　　　　　　　　　　　(I_7)
You can hear her sweet ringing whenever you open your heart.

(V_7)　　　(IV_7)　　　(I_7)
Oh, my friend, oh, my friend, sing it when you are blue.

エレンという女性に逢ったのよ。
彼女はちょっと特別よ。私の友達なのよ。
彼女の歌声はすばらしくて，いつでも私を笑顔にしてくれるの。
いつまでも歌を歌いつづけてね。

エレンという女性に逢ったのよ。
彼女はちょっと特別よ。私の友達なのよ。
いつでも心を開いていれば，彼女の歌声が聞こえるはず。
エレン，もし気分のブルーな時はこの歌を歌ってね。

参考譜1　「Song for Ellen」

―― Song for Beth ――

In times of weariness thought broken in spirit
Life's forces will rise again like a perfect sunrise
It seems the sunset of a life loved to the full
Though replete with grief, this is how many lives are

You hold my hands, you touched my soul
You're reaching out my friend, with your gentle trusting hand

身も心も疲れ果てて　魂が壊れてしまいそうな時でも
命の力は朝陽のように輝いてまたのぼってきます
一生懸命に生きてきた私たちの人生は
皆と同じように深い悲しみをたたえているものです

あなたの手が私に触れたとき，あなたの手は私の魂に触れました
あなたの信頼ある優しい手で，私の全人格に触れられました

参考譜2「Song for Beth」

る時に，「あの曲を聴くと，ベスの自由人であるスピリットが伝わってきて，なんともよい気持ちになるの」と話していた彼女は，病状が悪化し，自分では歌えなくなってからも，私にベッド脇でその曲を歌ってくれるように希望していた。

4. 音楽を通じたスピリチュアルな体験

　以上，述べてきたように，音楽は大切な記憶をよみがえらせたり，われわれの感情の表現を促すことに加え，日常現実を越える力をも備えている。われわれが非常に苦しい状況の中にいる時でも，音楽は瞬間的に，美，希望，愛，意味，そしてトランスパーソナルな性質を体験させてくれる可能性をもっている。古代ギリシアにまでさかのぼる，歴史的な科学と芸術の親密な関係のみならず，近年の，総合科学的研究より明らかになりつつある，われわれの意識の深層と音楽の関係により，音楽がわれわれをその偉大な英知の存在する意識への体験を可能にするということが理解されはじめている。そして，現時点においては，トランスパーソナル心理学の領域や，音楽療法の心

理療法的手法の1つである GIM（Guided Imagery & Music）のフェロー（Fellow）を中心に，さまざまな学術的発表が始まっており，この点についてのこれからの学術的発展を期待したい。

さて，前述した38歳の患者の死を見守っていた，彼の母親とチャプリンは，音楽の通じてのスピリチュアルな体験を次のように語っている。

> 母親「あなた（音楽療法士）の弾くバッハの曲が聴こえた時，私の頭には，ミケランジェロのピエタ像が浮かびました。あのマリアが，死んでいく息子を抱いているように，私たちは，私たちにとって未知の世界へ旅立っていく息子を，神に向かって差し出しているのだと感じました。そして，息子は本当に今，神の手の中にいるのだ，しっかりと守られているのだと思えました」

> チャプリン「あの時，彼が息を引き取る際に，皆で音楽の中にいたということが，家族の方々を，家族と私たちを，そして私たちと何か聖なるものとを，しっかりと結びつけてくれた気がしました。私たちはどうしようもない深い悲しみと同時に，何かそこに深い優しい癒しが存在して，あの瞬間，何か"完全である（Whole）"と深く感じました」

3. ターミナルケアにおける音楽療法士の役割の広がり

臨床現場における，いくつかの音楽療法の実際を紹介してきたが，最後に，包括できなかったその他の音楽療法士の役割を挙げながら，これからのターミナルケアにおける音楽療法士の役割の拡大と可能性を示し，読者の考察を仰ぎたいと思う。

1. 緩和ケアコンサートと地域の音楽家との連携

緩和ケア病棟やホスピスにおけるコンサートは，患者とケアギバー，そして医療スタッフがともに楽しめる社交の場を提供することでもある。筆者の勤務する病院では，月2回，地域の音楽家と連携し，さまざまなジャンルの音楽コンサートが開かれている。また，ボランティアの協力も得て，和や

な雰囲気づく中で,時には患者たちの手作りのケーキなどが振る舞われ,医療現場に芸術を提供する機会にもなっている。これは同時に,音楽専門家たちへの音楽療法の理解を促し,協力的なつながりを育てるという点で,大切な役割と考えられる。

2. メモリアルサービスやグリーフサポートへの貢献

筆者の勤務する病院では,3カ月に1度,亡くなった患者のためのメモリアルサービスが行われる。音楽療法士は,計画準備の段階から重要なメンバーの1人として関わっている。チャプリン,ソーシャルワーカー,ボランティアコーディネーター,看護師とともに,どのような音楽を,どのような形で取り入れて,参加者の方々に意味あるものにしていくか,話しあいながら決定し,最終的な音楽進行に責任をもつのである。また,ケアギバーのグリーフサポート（悲嘆の過程におけるサポート）にも,ソーシャルワーカーとともに関わり,そこでは特に,言葉では表現し尽くせない悲嘆の過程に,音楽がどのように効果的に使われるかを提示したり,経験の援助をすることに大きな役割があるといえる。

3. 音楽療法リサーチの必要性と,社会的教育と普及への貢献

ターミナルケアにおける音楽療法が,患者への全人的ケアに大切な役割を果たしていることは,経験者が語り広めたり,徐々にマスメディアに取り上げられることにより,認められ始めているといえる。しかし,医療施設の限られた予算や,医療の世界における,音楽療法の専門職としての地位の確立が,未だに不充分であることから,ターミナルケアにおける音楽療法の未来は,これからだといえる。

まずは,音楽療法士を中心に,さまざまな医療専門家が協力して,ターミナルケアにおける総合的なリサーチを行う必要があり,それを学術的に,また一般社会的に,広く発表する場が必要ではないだろうか。同時に,質の高い音楽療法の教育制度を確立させ,ターミナルケアにおける経験豊かな音楽療法士が,インターンシップを通して学生を訓練することも,たいへん重

要なことであると考える．また，ターミナルケアにおける音楽療法士同士が，互いに協力して勉強し合い，自己反映の過程を助け合える，ネットワークが広がることも必要であろう．以上のように，質の高い仕事，教育，リサーチ，広きにわたる社会的普及を通して，ターミナルケアにおける，音楽療法の専門的なアイデンティティを確立していくことは，これからの私たち音楽療法士たちに向けられた大きな課題でもある．

参考文献
1) Aldridge, D. eds. (1999) Music Therapy in Palliative Care. New Voices, Jessica Kingsley, London
2) Aldridge, D. (2002) Spirituality, Healing and Medicine. Jessica Kingsley, London
3) Campbell, J. (1988) The Power of Myth. Apostrophes Productions, New York
3) Kenny, C. (1989) The Field of Play: A Guide for the Theory and Practice of Music Therapy. Ridgeview Publishing Co., Atascadero
4) Lee, C. eds. (1995) Lonely Waters: Proceedings of the International Conference Music Therapy in Palliative Care. Sobell Publications, Oxford
6) Melzack, R. (1973) The Puzzle of Pain. Basic Books, New York
5) Munro, S. (1978) Music Therapy in Palliative Care. JAMA, 119(9):1029-1295.
6) Thematic Issue of "Music Therapy in Palliative Care" (2001) Journal of Palliative Care, 17(3)（この特別号「緩和ケアにおける音楽療法」の全ての記事をご参考ください）

事項索引

あ行

アイデンティティ　58, 59, 163
亜昏迷　31
遊び歌　85
アップライトピアノ　37, 56
アナクルーズとデジナンス　118
アニミスティックな世界　117
雨だれ拍子　117, 121, 122
アルツハイマー病　7, 141
アレキシサイミヤ（失感情言語化症）　35
いい歌探し　41, 46
異界性　119, 125
生き延びる　27
移行経験（transitional-experience）　47
移行対象（transitional-object）　47, 99
依存　40, 42, 45〜47, 49
痛み　146, 149, 150, 151
陰性感情　43
陰性症状　27
インタープレイ　19
歌　156
うたまい　8

運動障害　97
AIDS（後天性免疫不全症候群）　7, 150
8ビート　117, 138, 139
エネルギーレベル　76, 78, 79
演歌　55, 137
演奏の説得性　25
演奏パターン　24, 25
遠知覚感覚　97, 107, 111
エントレインメント理論（Entrainment Theory）　152
老い　142
オートハープ　62, 86, 89, 91, 139, 140
音遊び　82, 83, 141
音素材　119, 120, 124, 138
音のダイナミクス・方向性　70
音への嗜好性　95
音楽アクティビティ　130
音楽劇　75〜79, 122
音楽構造　116, 120, 124
音楽心理療法　68, 70
音楽創作　8
音楽創造　155, 156
音楽中心的アプローチ　8, 21
音楽聴取　8

音楽的介入　78
音楽的対話　110
音楽的なアイデンティティ　79
音楽能力　36, 88
音楽の質　25
音楽のダイナミクス　74, 79
音楽表現　19, 25, 117, 118
音楽表現病理　13, 19
音楽への関心　36
音楽療法士の専門性　54, 80
音楽療法の多様性　7, 80
音声チック　91
音程　18, 72, 130

か行

回想　57, 64, 137
介入レベル　9
カウンセリング　36, 37, 46, 50
抱える環境（holding environment）　46
雅楽　125
学習障害　71
楽譜　31, 89, 90
歌詞　57, 58, 60, 63
歌詞の提示方法　15
歌集　15, 37, 41, 56, 57
歌唱　11, 41, 70, 134, 135, 139, 140
過剰適応　35
歌唱表現　19, 20, 141
カタルシス　13, 74
楽曲の選択　14

合奏　8, 22～24, 26, 32, 123～126
合奏システム　8, 11, 21, 26, 32
合奏療法　8, 11, 21, 23, 24, 26, 31, 32
過敏性腸症候群　35
ガムラン　119, 121, 126
歌謡曲　55, 56, 59
カラオケ　18, 56, 59
感覚受容の高次化　103, 111
感情体験　75～77, 79, 130
感情の平板化　29
感情論理参照系　23
感性化トレーニング　80
関連職種との連携　48
キーボード　27～30, 84, 87, 91, 104, 105
器楽クラブ　21～23, 27～29
気管支喘息　35
既成曲　22, 76, 89
季節感　57, 119
ギター　14, 62, 151
機能和声　116, 120, 123, 124
逆転移感情　78
境界性人格障害　7, 39, 40, 45, 49
共感　41, 127
「共感し，共感される」体験　46
共生期段階　98, 102, 103, 109
共鳴　61～64, 106, 108
共鳴現象　63
曲作り　45
近接知覚感覚　97, 100, 103, 111
空間認知　76, 126

クオリティ・オブ・ライフ（QOL）　　68, 146, 149
グリーフサポート　　162
グループの「成熟」　　26
グループプロセス　　79, 80
グループ・リラクセーション　　152
ゲートコントロール理論（Gate Control Theory）　　149
幻覚　　22, 23, 129
幻覚妄想状態　　27
健康観　　65
言語化　　35, 74, 77
減3和音　　92, 94
現実見当識　　30, 70, 133
現実見当能力　　58
幻聴　　27
鍵盤楽器　　14
肯定的空間　　59
行動化　　40, 46, 47
行動主義　　80
興奮　　18, 22, 83, 84
声　　16, 60, 61, 143
声・歌唱　　8
コール・アンド・レスポンス　　19
5音音階　　119, 121, 140
呼吸器　　61
呼吸法　　61, 150, 152
個人音楽療法　　39, 40, 49, 50, 103
個人療法　　36, 37, 48, 50
コセラピスト　　71, 73
個別音楽療法　　70, 71

コミュニケーション　　9, 20, 32, 155
コミュニケーション障害児　　75

さ行

サイコ・ソーシャルアプローチ　　129
作業療法　　13, 21, 22
作為体験　　27
サクソフォン　　107, 108, 111
GIM（Guided Imagery & Music）　　161
時間感覚　　60
自己イメージ　　75
思考障害　　29
自己刺激行動　　101
自己実現　　13
自己表現　　46, 59, 70, 72, 75, 76, 155
自殺企図　　40
自主グループ　　67, 68
自然な治癒力　　20
自発性　　15, 17, 27
自閉傾向　　29, 75
自閉症　　7, 82, 88
社会音　　102
社会技能訓練　　13
社会性　　13, 22〜24, 68, 131
社会的スキル　　76
ジャズ　　65, 150, 157
ジャム・セッション　　26
宗教歌　　137
重症心身障害児　　7, 97, 98, 100

自由診療　50	身体認知　76
集団音楽療法　11, 40, 56	身体表現性障害　35
集団歌唱　12, 17, 52, 55, 64	振動刺激　105, 109
集団歌唱療法　11〜13, 15〜21, 32	シンバル　71〜74
集中困難　27	審美性　23, 24, 26, 27, 148
重度知的障害　100	審美的な音楽　33
自由リズム　116, 117, 124, 125	心理療法　9, 13, 49, 50, 160
循環和音　120	心理療法的アプローチ　67, 68, 76
唱歌　54, 55, 57, 107, 131	スーパーヴィジョン　49
小集団音楽療法　75	スケール（音階）　30
焦燥　130, 140, 141	鈴　84, 105, 108
衝動行為　40	スタッフ・ミーティング　22
常同行為　88	ストレス関連障害　35
情動の安定　40	スネアドラム　71, 72
小児病院　67	スピリチュアル　70, 144, 147
職業的専門性（コンピテンシィ）　10	スピリチュアルな体験　160, 161
職業的独自性（オリジナリティ）　10	スプリッティング（Splitting）　46
触覚刺激　104〜107	スリットドラム　37
人格障害　35, 47, 48	聖歌　157, 159
神経症性障害　35	生気情動　78
神経難病　7, 70	成功体験　60
人工透析　7, 154	斉唱　55, 56, 58, 64
シンセサイザー　22, 125	精神科治療　11
深層心理学　50	精神科デイケア　52, 53, 55, 64, 65
身体運動　15, 25, 76, 100, 117, 126, 132, 135	精神障害者の社会復帰　52
身体感覚　61, 116〜119, 122, 123, 126, 128	精神病後抑うつ（post psychotic depression）　17
身体性　26, 118, 124	精神病状態　19
	精神分析理論　35, 50
	精神療法　35, 37, 38
	生成的・生命的エレメント　23

静中の動　118
生と死　153
生命感覚　63
西洋音楽　115
生理感覚　116
摂食障害　35
セッションの記録　39
セッションの目標　14
説得性　28, 30, 127
セルフ・エスティーム（自己尊重）
　72, 74, 75, 78
前言語的コミュニケーション　98
全人性　148
全人的ケア　146, 162
前庭感覚的刺激　103
旋律　62, 87, 91, 92, 116, 123
相互主観性　23
創作　8, 39, 152
創造性　24, 73
創造的出会い　23, 24
即興　28, 30, 70〜73, 79, 89, 121, 124
即興演奏　8, 30, 91
即興音楽　70, 72, 75, 77, 79
ソロ・パート　28

た行

ターミナルケア　68, 144, 146
ダイアトニック（Diatonic）　120
大局聴　62
対象関係　47, 98
対象者のニーズ　55, 68

多感覚性　8
多声構造のタイプ　123
タッチ　28, 31, 121, 125
タッチング　101, 104, 109, 138, 139
探索行動　110
ダンス　74, 83
ダンス遊び　85, 86
タンバリン　37, 85, 106, 110
チーム医療　51, 54, 148
知的障害　7, 97
痴呆　129, 142, 143
痴呆性高齢者　8, 128
注意欠陥多動障害　7, 75
聴覚的反応　107〜109
治療環境　34
治療契約　38
治療構造　13, 36, 56
治療システム　50
治療者－患者関係　35, 46
治療的介入　16
治療的効果　12
治療としての音楽　21
治療の枠（limit-setting）　46
治療目標　13, 16, 40, 130, 131
通園施設　67
ツリーチャイム　37, 71, 72
手遊び歌　83
定位反射（反応）（Orienting Reflex）
　102, 105, 108
抵抗　77
テープ作り　41, 43

170

テナー木琴　37
転移感情　77
転調　89
テンポ　60, 76, 79, 126
統合医療　129
統合失調症　7, 12, 17, 157
同質技法　107
童謡　55, 57
トーンチャイム　37, 125
独語　29, 91
ドラマ性　76
ドラムス　86, 89
ドラム同質奏法　107
トランスパーソナル　148, 160
トランスパーソナル心理学　160
トレモロ　72
ドローン（持続音）　30, 117, 121, 123

な行

仲間意識　23
二重唱　41
二重奏　41
日本音楽療法学会　10
日本的風土感　118
乳がん　156
人間主義的理論（Humanistic Model）　148
認知障害　23, 24
音色　22, 60, 62, 107
脳炎後遺症　7

脳の刺激関門　103
表出言語障害　75

は行

パースペクティヴ性の障害　23
パート譜　25
ハーモニー　20, 62, 74, 123
倍音　63
肺がん　7, 151
発達援助　82
発達・児童心理学　80
発達障害　7, 100
発達評価　112
パドルドラム　139
母親への再接近（Rapprochement）　45
パラメディカルスタッフ　34
伴奏　14, 62, 87, 139
ハンドドラム　89
美　24, 32, 160
ピアノ　14, 30, 36, 62, 71, 74, 84, 86, 93, 150
ピアノ連弾　42〜45
BGM　9, 135, 138
BPSD　129
被害関係妄想　17
被害妄想　27
非楽音（Unpitched Sound）　122
弾き語り　45
ひきこもり　23, 71
非言語性のコミュニケーション（non-

verbal communication)　　98
非言語的コミュニケーション　　20
非常時　　26
非精神病性障害　　34, 35
悲嘆の仕事（grief-work）　　47
ビデオ撮影機（VTR）　　39
美的な音楽体験　　21
響き　　25, 60, 61
ヒューマニスティック（人間主義的）　　9
ヒューマニスティック心理学　　80
拍子　　62, 86, 137
表出言語障害　　76
病的体験　　17
病棟スタッフ　　14
4ビート　　117, 139
不協和音　　29, 72
部分対象関係　　45, 47
ブルース　　117, 150, 157, 158
文化風土　　8
分離・個体化（Separation-Individuation）　　45, 98
BED-MUSIC技法　　103
編曲　　22, 62
変奏　　79, 91
ポータブルピアノ　　150
母子関係の問題　　78
母子グループ　　68
ポップス　　55, 56
ポピュラーミュージック　　19
ホモフォニー（Homophony）　　116, 123
ポリフォニー（Polyphony）　　121, 123
ボンゴ　　37

ま行

間　　118
マラカス　　84, 138
未熟児網膜症　　100, 101
見捨てられ体験　　40
見捨てられ不安　　45
民謡　　56
メタロフォン　　71, 72
滅裂思考　　29
メロディ　　14, 16, 30, 45, 56, 60, 74, 76, 78, 134, 158
メロディバー　　37
妄想　　18, 22
喪の仕事（mourning-work）　　40

や行

薬物療法　　17, 29, 129
役割意識　　79
遊戯性　　120
有拍リズム　　116, 117
よい時間　　153
養護学校　　67
陽性症状　　17
予備面接　　38, 40
喜び　　24, 73

172

ら行

リアリティ　*24, 26, 27*
リアリティ・オリエンテーション　*133*
リアルさ　*23, 24*
理学療法　*138*
力動的な精神療法　*35*
リクエスト　*15, 20, 57, 58, 154*
リストカット　*46*
リズム　*18, 20, 27, 28, 61〜63, 116, 117, 136, 152*
リハビリテーション　*15, 42, 131*
流行歌　*54, 90*
両側性難聴　*100, 101*
リラクセーション　*149, 151, 152*
臨床的音楽能力　*80*
レクリエーション　*11, 12, 35*

わ行

和音奏法　*118, 119, 121, 125*
和声　*74, 116*

人名索引

あ行

アイヴス Ives, C.　　*32*
アンスデル Ansdell, G.　　*32*
ウィニコット Winnicott, D. W.　　*47*
宇佐川浩　　*98*, *110*
エイギン Aigen, K.　　*8*, *21*
大島一良　　*97*
折山もと子　　*21*, *115*

か行

川住隆一　　*102*
キャンベル Campbell, J.　　*146*
コーリー Corey, G.　　*76*

さ行

斎藤正彦　　*129*
サリバン Sullivan, H. S.　　*100*
鈴木千恵子　　*110*
ソコーロフ Sokolov, E. N.　　*102*

た行

高江洲義英　　*59*

丹野修一　　*8*, *11*, *21*, *123*
土野研治　　*110*
都築裕治　　*82*

な行

中島恵子　　*107*

は行

パッヘルベル Pachelbel, J.　　*91*
ビバルディ Vivaldi, A.　　*86*
ブルーシア Bruscia, K. E.　　*7*, *68*
ベートーベン Beethoven, L. v.　　*92*
細渕富夫　　*113*

ま行

マーラー Marler, M. S.　　*45*, *98*, *99*
松井紀和　　*49*, *98*, *99*, *100*, *103*, *107*

や行

悠木昭宏　　*138*

わ行

若尾裕　　*62*

音楽療法　執筆者一覧

編　集
飯森　眞喜雄（いいもり　まきお・東京医科大学）
阪上　正巳（さかうえ　まさみ・国立音楽大学）

執　筆
山下　晃弘（やました　あきひろ・自治医科大学）　1章
阪上　正巳（さかうえ　まさみ・国立音楽大学）　1章
松井　晴美（まつい　はるみ・聖マリアンナ医科大学）　2章
渡辺　直樹（わたなべ　なおき・青森県立精神保健福祉センター）　2章
青　拓美（あお　たくみ・東邦音楽大学）　3章
岡崎　香奈（おかざき　かな・洗足学園音楽大学）　4章
長浦　まゆみ（ながうら　まゆみ・MGW研究所）　5章
西巻　靖和（にしまき　やすかず・独立行政法人国立病院機構西甲府病院）　6章
折山　もと子（おりやま　もとこ・合奏システム研究所）　7章
北本　福美（きたもと　ふくみ・金沢医科大学）　8章
近藤　里美（こんどう　さとみ・北海道医療大学）　9章

芸術療法実践講座 4　音楽療法

ISBN 4-7533-0408-6

飯森眞喜雄・阪上正巳　編

2004年8月27日　初版第1刷発行
2006年8月10日　初版第2刷発行

印刷 ㈱広研印刷　／　製本 河上製本㈱

発行 ㈱岩崎学術出版社　〒112-0005　東京都文京区水道1-9-2
発行者　村上　学
電話 03(5805)6623 FAX 03(3816)5123

ⓒ2004　岩崎学術出版社
乱丁・落丁本はお取替えいたします　検印省略

■芸術療法実践講座 = 全6巻　(○印既刊)

芸術療法実践講座①　絵画療法Ⅰ（飯森眞喜雄・中村研之 編）
子どもの問題行動と絵画療法／非行少年と風景構成法／児童期・思春期・青年期心身症の治療における絵画療法／言葉を越えたコミュニケーション―自閉症児の造形活動／痴呆老人とのアートセラピー／ターミナル領域におけるコラージュ法／ターミナルケアにおける絵画・コラージュ・造形療法

芸術療法実践講座②　絵画療法Ⅱ（飯森眞喜雄・伊集院清一 編）
長期入院分裂病患者の絵画療法／描とともに―治療空間のために／精神科病院における絵画療法／不登校事例への援助―数々のテーマ画を用いて―／芸術療法を使いこなすクライエント／デイケアにおける絵画療法／精神科入院患者への絵画療法

芸術療法実践講座③　コラージュ・造形療法（高江洲義英・入江　茂 編）
精神科臨床におけるコラージュ療法／精神科・心理クリニックにおけるコラージュ・造形療法／開業心理臨床におけるコラージュ療法／精神科作業療法・デイケアにおける造形活動／デイケア・作業療法におけるコラージュ／非行臨床におけるコラージュの実践／思春期相談におけるコラージュ療法

芸術療法実践講座④　音楽療法（飯森眞喜雄・阪上正巳 編）
精神病院における音楽療法／精神科・心理クリニックにおける音楽療法／精神科デイケアの音楽療法／児童領域における音楽療法／自閉症児の音楽療法／重症心身障害児への音楽療法／高齢者音楽療法に求められる音楽／痴呆性高齢者のケアにおける音楽療法／ターミナルケアにおける音楽療法

芸術療法実践講座⑤　ダンスセラピー（飯森眞喜雄・町田章一 編）
精神病院におけるダンスセラピーの試み／作業療法・デイケアにおけるダンス・ムーブメント・セラピー／心療内科・精神科クリニックにおけるダンス・ムーブメント・セラピー／一般医療現場におけるダンスセラピー／思春期の問題行動に対するダンスセラピー／心身障害児に対するダンスセラピー／高齢者に対するダンスセラピー／ターミナルケアにおけるダンスセラピー

芸術療法実践講座⑥　詩歌・文芸療法（飯森眞喜雄・星野惠則 編）
精神病院における詩歌・文芸療法／神経症と人格障害の連句療法／精神科・心理クリニックにおける詩歌・文芸療法「物語」／作業療法における詩歌療法／思春期・青年期の詩歌療法／痴呆老人のケアにおける詩歌・文芸療法／ターミナルケアにおける詩歌・文芸療法